JIBING
YU
KANGFU

中国式居家养老实用手册

疾病与康复

中国劳动社会保障出版社

图书在版编目（CIP）数据

疾病与康复：中国式居家养老实用手册 / 人力资源和社会保障部教材办公室，中国老教授协会职业教育研究院组织编写．-- 北京：中国劳动社会保障出版社，2018

ISBN 978-7-5167-3531-2

Ⅰ．①疾… Ⅱ．①人… ②中… Ⅲ．①养老-社区服务-中国-手册 Ⅳ．①D669.6-62

中国版本图书馆 CIP 数据核字（2018）第141618号

中国劳动社会保障出版社出版发行

（北京市惠新东街 1 号 邮政编码：100029）

*

北京市艺辉印刷有限公司印刷装订 新华书店经销

787毫米 × 1092毫米 16 开本 11 印张 124 千字

2018 年 7 月第 1 版 2018年 7 月第 1 次印刷

定价：48.00 元

读者服务部电话：（010）64929211/84209101/64921644

营销中心电话：（010）64962347

出版社网址：http://www.class.com.cn

本书编写人员

主　编：沈小君

编　者（按姓氏笔画排序）：

王　斌　刘诗怡　杨海龙　李　克　李欣壑　肖遵香

宋书香　张素红　张海波　徐丽丽　贾　莉　彭秋云

工作人员

演　示：梁金萍　肖同华

摄　影：果彤林

插　画：王　杰

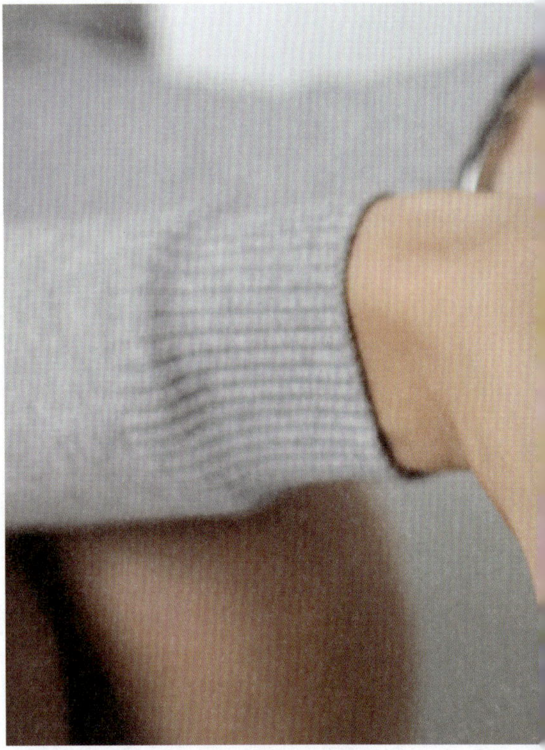

自 20 世纪下半叶开始，人口老龄化现状逐步成为各国决策者关注的一大议题，人口老龄化所引发的诸多问题也对越来越多国家的经济社会发展产生着深刻而持久的影响。2000 年年末中国进入老龄化社会，人口老龄化程度不断加深。截至 2016 年年底，中国 60 岁以上老年人口已超过 2.3 亿人，占总人口比例的 16.7%。据世界卫生组织预测，

序 言
PREFACE

今后几年中国的老年人口将以每年超过 1 000 万人的速度增加，2033 年前后将达到 4 亿人，到 2053 年将达到峰值 4.87 亿人，超过全国总人口的 1/3。

随着人口老龄化形势的日益严峻，老年人的服务需求越来越多样化，养老服务将成为关乎老年人晚年生活质量及每个家庭福祉的民生事业。尽管可供老年人选择的养老形式很多，如机构养老、社区养老、居家养老等，但按照中国国情和民族习俗，居家养老显然是最符合老年人心愿的养老方式。一项调查显示：在中国，选择居家养老的老年人占 90% 以上，只有不到 10% 的老年人选择养老院或其他形式养老。

如何让老年人、家属和照护人员了解更科学的养老知识，熟悉更准确的护理方法，掌握更全面的操作技能，有效解决养老过程中的所有问题，从而保证居家养老过程的良性运转，已成为居家养老事业发展的基础、依托和支撑。

正是在这种背景下，我们精心策划，邀请业内众多专家、学者和多年从事养老工作的一线人员，在参阅大量的国内外文献及相关学科研究成果的基础上，结合中国居家养老服务市场的现状，汲取各家之长，共同编写了这套“中国式居家养老实用手册”。“中国式居家养老实用手册”首辑共6册，包括：《居家照护基础》《日常生活照护》《活动与运动》《疾病与康复》《心理呵护》《营养与膳食》。

本套丛书在内容上力求普及与提高相结合，以普及为主；通用性与专业化相兼顾，以通用性为主；具有“中国式、时代感、大众化”特色和“易学、易懂、易会”的特点；方便不同层次、不同角色的读者学习和使用，既可作为专业居家养老服务人员的培训用书，也可用作老年人、家属、照护人员的科普图书。

本套丛书在编写过程中，得到教育部中国老教授协会、中国国际职业资格评价协会、中国老年学和老年医学学会科学养生专业委员会、北京养生文化交流中心、北京市房山区康怡养老院的支持和帮助，在此表示衷心的感谢！

鉴于我国居家养老知识体系、能力培训体系暨人才评价体系建设工作刚刚起步，许多问题还有待探讨，加上编写人员水平和实践的局限，书中不足之处在所难免，我们热忱欢迎广大读者提出宝贵意见，以便不断修改完善。

中国老教授协会职业教育研究院执行院长
中国老年学和老年医学学会《全国科学养生论文集》编审委员会委员
沈小君

目　录

1

第一章 日常生活请小心

第一节 感染的预防

一、易造成感染的情况

1. 感冒

感冒是指病原体通过鼻腔和口腔进入人体引起发炎的症状。大多数感冒的原因都是病毒。尤其是冬季流行性感冒病毒多，是老年人流行性感冒多发的季节。如果老年人出现头疼、食欲下降、发烧、流鼻涕、肌肉关节痛的症状，就很有可能是患了流行性感冒。而且，老年人的病情容易加重，要特别注意并发症的发生以及宿疾的恶化。虽然伤风和流行性感冒是常见病，但是为了避免发展成重症，预防也是重要的一环。

2. 肺炎

肺炎是老年人常见多发病，是指在免疫力下降等情况下，病原体进入呼吸道或肺部而引起的肺部炎症。肺炎作为癌症、脑溢血、心肌梗死等疾病的并发症，特别常见。因此，发现老年人身体不适时，要及时送医，早期发现早期治疗是极为重要的。

3. 尿路感染

尿路感染也是老年人常见的感染病之一，是指肾脏到尿道的部位发生的感染。如果老年人有血尿、尿痛、尿不净、发热的症状，则尿路感染的可能性很大。老年人尿路感染的症状容易反复发作，难以治愈，而且容易病变为慢性尿路感染。因此，正确预防是防止感染发生的最有效手段。

二、感染传播途径

1. 接触传染

（1）直接接触

直接接触指人的身体直接与另一人的身体进行接触而造成的感染，例如性病。

（2）间接接触

间接接触指人与被污染的东西接触从而造成感染，例如B型肝炎病毒就可以经由污染的剃刀而传给另一人。

（3）飞沫传染

飞沫传染指人在说话或咳嗽时，将微生物散布到空气中，在短距离内传给另一人，例如水痘、麻疹的传染。

2. 空气传染

病毒或细菌悬浮于空气中，通过尘埃或呼吸微粒，在较远的距离被吸入肺中，即由空气带着微生物传播疾病，例如结核病就属于空气传染。

3. 食物和水的传染

感染源是已被污染的食物、饮水等。如果食物中含有沙门氏菌，就可能造成集体食物中毒。

4. 病媒传染

由昆虫携带微生物传播，例如白线斑蚊传播登革热。

照护小贴士

感染预防措施：

1. 大小便之后应立即洗手，取用或处理食物之前也应洗手；

2. 生吃的蔬菜水果，在给老年人食用之前要彻底洗干净；

3. 家庭成员每人应有专用的毛巾、牙刷、漱口杯与盥洗用具，不可共用；

4. 咳嗽、打喷嚏时要注意掩住口鼻，以避免飞沫传染；

5. 注意个人卫生，经常沐浴、洗头和刷牙；

6. 烹调器皿和食具用过后应立即使用洗洁精和清水充分洗净。

第二节　常见意外的处理

一、眼、耳、鼻、喉异物

1. 眼睛异物的处理

方法一：让老年人闭上眼睛，积存泪水，然后轻轻眨眼睛，异物便会随着泪水一起流出。

方法二：把眼睑翻开，找出异物，用清洁的棉花、纱布或棉棒等蘸水轻轻地由内往外擦拭，或用冷开水把异物冲出。

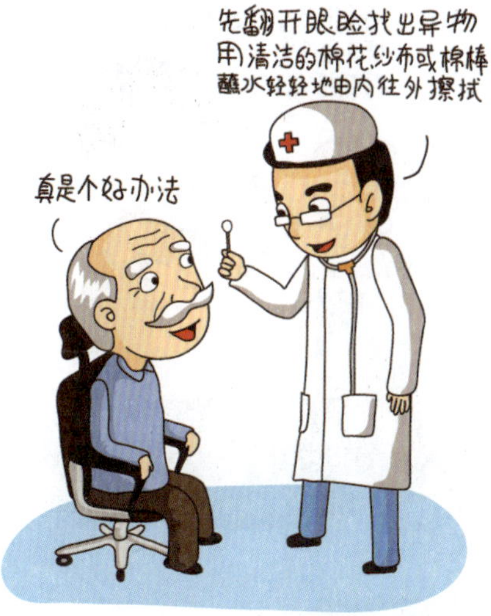

方法三：如果是腐蚀性化学物溅入眼睛，或石灰、石膏、水泥等粉末撒入眼睛，应立即使用大量微温的水冲洗，冲洗后将眼睛用纱布覆盖，立即送医处理。

2. 耳朵异物的处理

（1）小虫侵入时

方法一：保持镇静，使房间黑暗，然后用手电筒的光线照射，利用小虫的趋光性，使其自行跑出来。

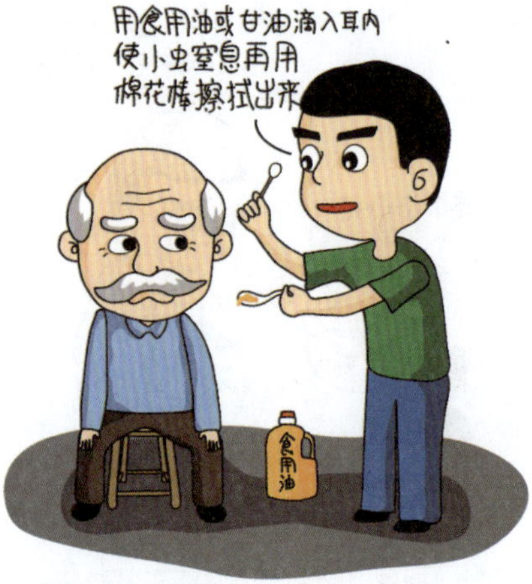

方法二：可用食用油或甘油滴入耳内，使小虫窒息，再用棉花棒慢慢将其擦拭出来。

照护小贴士

注意切勿一开始就用镊子或挖耳勺等来挖取，这样容易使耳部受伤，且会使小虫深入内部；若无法处置应立即送医。

（2）豆子进入时

方法一：豆子进入一侧的耳朵朝下，轻轻摇头，让豆子掉下来。

方法二：滴入 95% 浓度的酒精可使豆子缩小，易于取出。

照护小贴士

1. 如果仍出不来，应请耳鼻喉科医生处理；

2. 不可灌水，以免豆子膨胀导致更加不适。

（3）汤和水进入时

方法：可以用消毒的棉花棒来擦拭。

3. 鼻腔异物的处理

方法：对于豆类等较硬的东西，可以滴两至三滴食用油到鼻腔里，然后用镊子夹出。

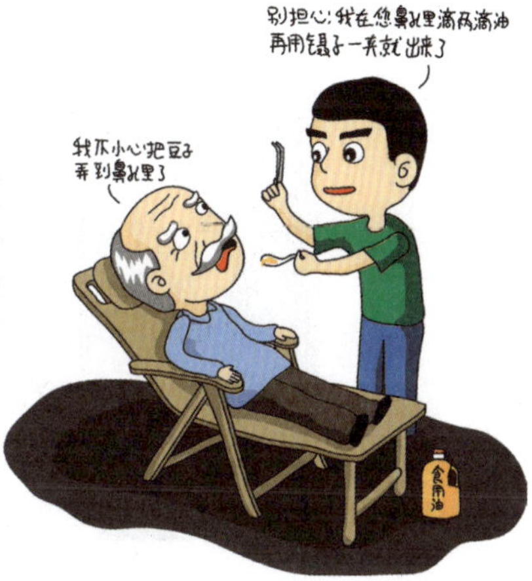

照护小贴士

1. 不可试图用东西去挖取，以免将异物推得更深；

2. 无法处理时应立即送医，由耳鼻喉科医生取出。

4. 喉部异物的处理

进食时，如遇到鱼刺或小骨头梗于喉部，此时不应自行挖取，或试图以吞咽大口的食物或蔬菜来移除，以免形成更严重的刮伤或刺伤，应尽快就医。

二、中毒

1. 煤气中毒

第一步：用湿毛巾掩住口鼻，关闭煤气开关，打开门窗，使空气流通，但不可开启任何电源开关，以防爆炸。

第二步：迅速将老年人抬到通风处，松开衣物以利呼吸。

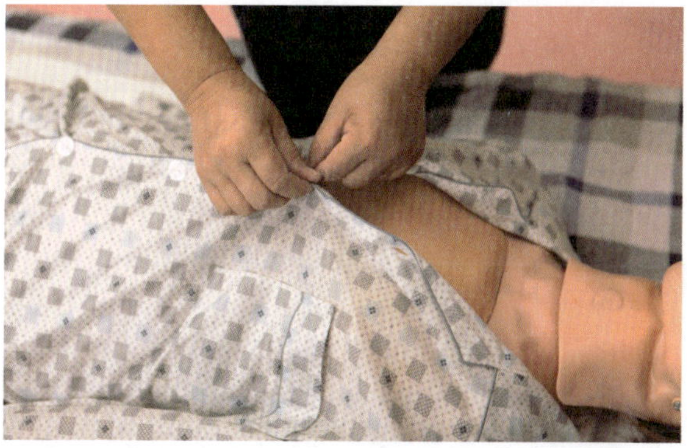

第三步：若老年人停止呼吸，应施行人工呼吸。

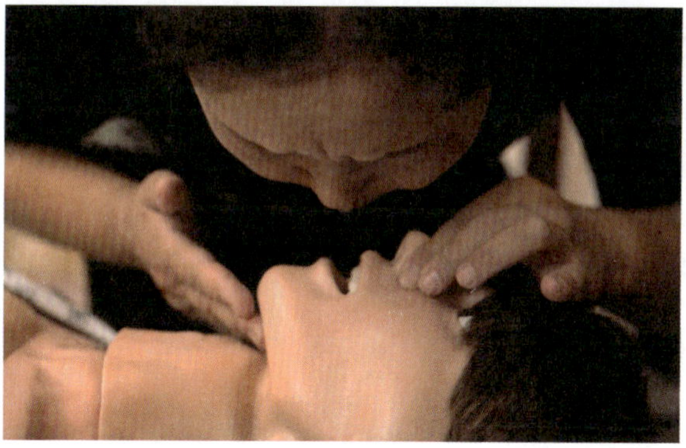

第四步：检查老年人有无其他伤害，并注意保暖，尽快送医。

照护小贴士

1. 定期检查煤气管有无漏气，注意安全，若橡皮管老化龟裂，应立即更新；

2. 煤气炉台应使用不燃性材料制成，炉旁不可放置易燃物；

3. 使用煤气时，人不可远离炉台，不用时应关紧总开关。

2. 食入性中毒

（1）药物中毒（普通药物中毒）

第一步：老年人清醒时，可让老年人喝大量的水以冲淡毒物，或喝大量的牛奶以保护消化系统，降低毒物被吸收的速度。

第二步：可以尝试催吐，但不可勉强进行。

第三步：保留药物空瓶或残余药物，尽快送医。

照护小贴士

药物中毒的预防：

1. 服药时应遵照医生处方指示的方法、时间、剂量服用；

2. 毒物和药物应分开放置，并加以上锁，毒物瓶应有大而明显的字体注明。

照护小课堂

——腐蚀性毒物中毒的处理

1. 不可喝水稀释，应饮用牛奶或食用生蛋白保护胃黏膜，延缓吸收
2. 不可催吐，以免造成二次灼伤
3. 不可利用中和法，以免二次伤害
4. 保留空瓶、残余药物，尽快送医

（2）食物中毒

第一步：保存残余食物、呕吐物、排泄物等以协助诊断。

第二步：严重的腹泻可能导致脱水，可酌情补充适当的温水。

第三步：腹部绞痛时，常致畏寒、全身冒汗，应注意保暖。

第四步：尽快送医。

照护小贴士

食物中毒的预防：

1. 注意饮食卫生，不食用生食或未完全煮熟的食物；

2. 选购食品时应注意其新鲜度，注意其保存日期是否在有效期限之内；

3. 不贸然尝试野生食品，尤其是菇类；

4. 不食用发芽的土豆、未成熟的绿番茄以免中毒。

3. 蜇咬中毒

（1）轻度反应

第一步：局部冰敷。

第二步：蜇咬的局部可用氨水冲洗，稀释毒液止痒。

第三步：急性期过后可涂抹止痒剂，减轻不适。

（2）严重反应

第一步：必要时可用约束带在蛰咬处靠心脏侧的肢体上予以约束，其松紧度以能让施救者插入食指为准，且每30分钟应松开一次，并记录绑带与松带时间。

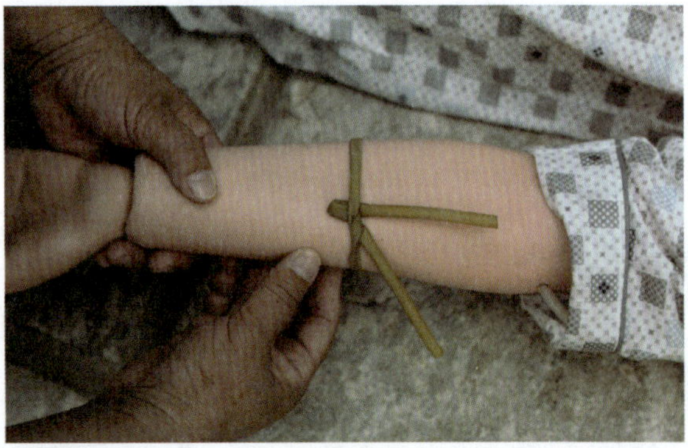

第二步：放低受伤部位（低于心脏部位）。

第三步：受伤部位应施以冰敷，减缓血行及吸收速度。

第四步：可用阿司匹林止痛。

第五步：尽快送医。

照护小贴士

蜇咬中毒的预防：

注意野外活动安全，穿长袖，避免叮蜇，不要逗弄蜜蜂、野蜂的蜂窝，潜水戏水时也应小心。

三、晕倒

第一步：由于脑部缺血晕倒时，应协助老年人平卧床上，抬高腿部，使血液可以流进脑部，并将胸部衣服松开促进呼吸的顺畅。

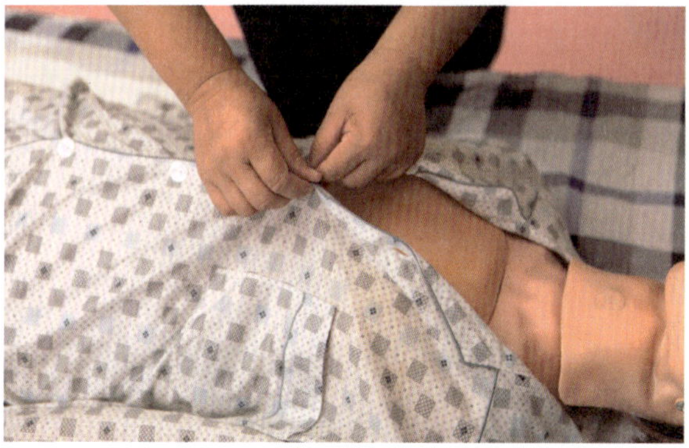

第二步：老年人若有呼吸困难情形，则采取半坐卧式。

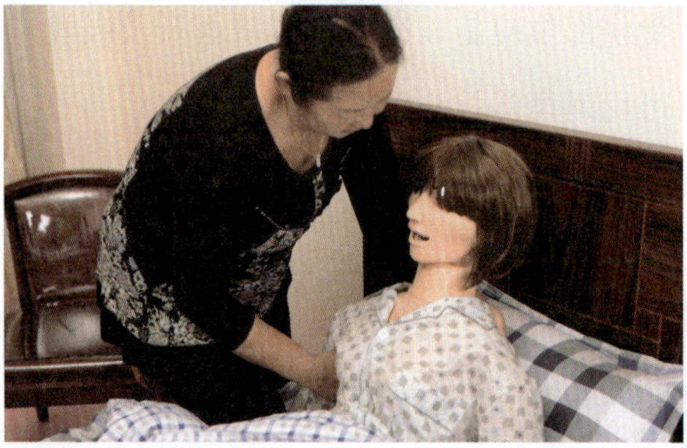

第三步：如果躺下后老年人仍没有恢复知觉，则要迅速送往医院。

照护小贴士

晕倒的预防：

1. 感觉昏晕欲倒时，应立即坐下或平躺腿抬高；

2. 弯腰、把头低垂于两膝盖间，并调整呼吸。

四、中暑

第一步：将老年人抬到阴凉通风处，松开衣物，让老年人平躺或头部稍微垫高。

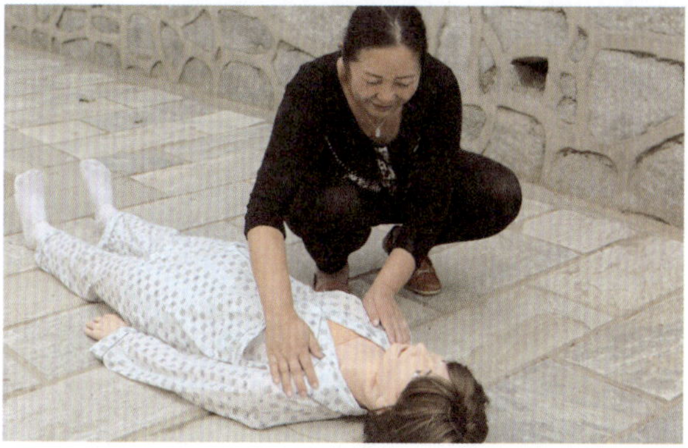

第二步：尽快降低老年人的体温，以冷毛巾拍擦全身，或以小毛巾蘸 30% ~ 35% 浓度的酒精轻轻拍拭，尽可能使体温降至正常温度。

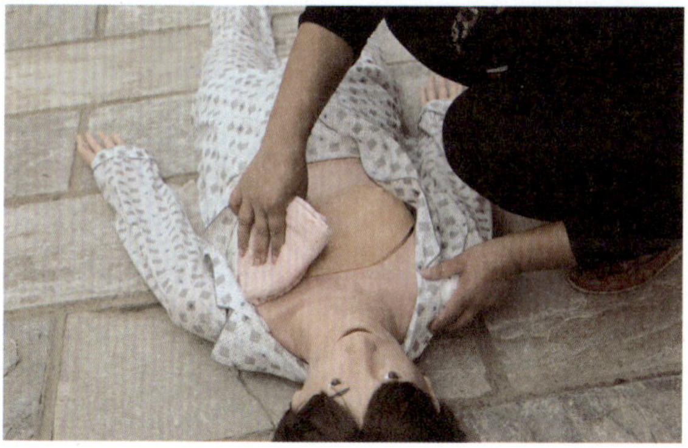

第三步：老年人意识清醒时可补充浓度为 0.9% 的温食盐水。

第四步：观察老年人的症状，如无改善应尽快送医。

照护小贴士

中暑的预防：

1. 不要直接或长时间暴晒；

2. 出外可撑伞戴帽；

3. 不要在高温的环境中工作过久或激烈运动；

4. 多补充水分，如出汗太多，应酌量以 0.9% 浓度的生理盐水补充。

2

第二章
家庭用药要注意

第一节　药物不能随便用

随着社会的发展、医学的进步和生活水平的不断提高，人类寿命正在延长，人口老龄化日益明显。由于老年人随着年龄增长，机体各器官功能退化，体力、免疫力、吸收排泄、解毒能力等的降低，使老年人对药物的敏感性和耐受性发生了变化。老年人往往同时患有多种疾病，用药的频率较高、品种较多，故其不良反应发生率也较大。据调查，75岁以上的老年人每日用药3～4种者占34%。由此可见，在充分认识老年人生理生化特点及疾病的特征基础上，做到合理用药，减少不良反应，对老年人尤为重要。

一、不随便用药

对没有被明确诊断的病症，不宜采取“头痛医头、脚痛医脚”的用药方式。症状是疾病的信号，是医生诊断疾病的依据，在确诊前随便用药可能会造成假象掩盖

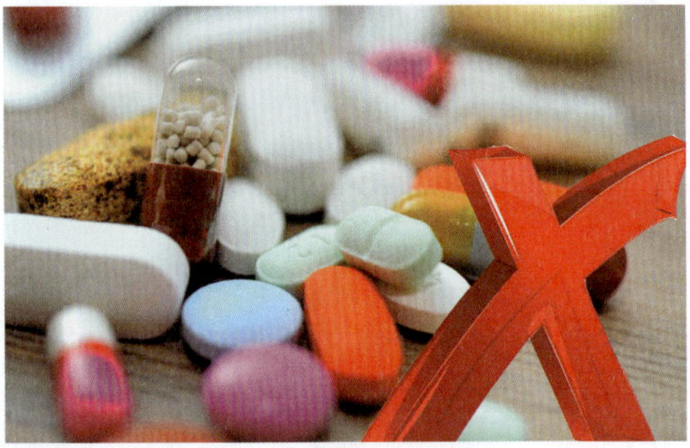

病情，从而影响正确诊断致使发生其他意外。如阑尾炎时腹痛延误治疗可发生阑尾化脓穿孔引起腹膜炎等。确诊后，治疗用药应准确按医生指导要求的药物剂量、用法、时间服用。必要时建立卡片，防止错服、漏服。

二、忌滥用解热去痛药

解热去痛类药物是人们应用最广泛的一类药，日常生活中常遇到头疼脑热，或者牙疼、关节疼、腰腿疼等，人们常常到药店去买退烧药或止疼药，如泰诺、布洛芬等，实际上这些药物只能暂时缓解症状，并不能从根本上治病，还容易延误诊断和治疗。有些解热去痛药有较严重的不良反应和毒副作用。老年人随着年龄的增长，机体功能也随之退化，更加容易发生不良反应。如部分药物口服后，对胃黏膜有一定的刺激性，常可引起恶心、呕吐等症状，还可以使胃溃疡恶化，导致胃出血和穿孔。

三、忌滥用安眠药

安眠药会导致老年人肝肾功能损害，经常使用安眠药可诱发黄疸、浮肿甚至肝肾功能衰竭。对于老年人而言，其肝肾等重要代谢器官功能较青壮年已明显衰退，经常服用安眠药无疑是雪上加霜。

老年人失眠原因是多方面的。一是自身内分泌系统及中枢神经功能的变化；二是某些躯体疾病引起的，如老年性皮肤瘙痒、关节疼痛的影响；三是从工作岗位上退下来，心情忧郁，扰乱大脑皮层平衡调节功能所致。

对于顽固性老年失眠症患者，适当给予安眠药以改善失眠状况是可以的，但要特别注意避免由此引发成瘾依赖行为，而且在服药期间要给予特殊的生活护理。因为安眠药常常有时间滞后的抑制作用，会导致白天嗜睡、乏力、精神萎靡而容易发生意外跌倒等不良后果，甚至有的老年人会发生进食、饮水时的呛咳和窒息行为，更为严重的是，患有睡眠性呼吸暂停症者约占老年人群的 1/4，而安眠药可延长呼吸暂停的时间，以致发生猝死。

所以，老年人不要滥用安眠药。建议失眠的老年人：第一，从调整生活方式着手，养成良好的生活规律；第二，要多参与社会活动，多与儿女和邻居交流，排解寂寞和失落感，保持心情舒畅；第三，要坚持适当的运动锻炼，如打太极拳、健步走等；第四，可采取饮食促进疗法，如睡前饮用一杯牛奶、每晚吃一个苹果，都可起到一定的催眠作用；第五，入睡前不宜喝茶、饮咖啡，也不宜搓麻将、下象棋，避免大脑皮层过度紧张兴奋，增加入睡难度。

四、忌滥用抗生素

抗生素在治疗感染性疾病中起重要作用，但都有相应的抗菌范围，并有不同副作用，有的还可能发生严重的过敏反应，如青霉素及青霉素族的抗生素，应用前要做皮肤过敏试验，阴性结果才可以使用。对一些病毒引起的感染发烧，应用抗生素不仅无效，而且还会加重对肝、肾的损害。所以，抗生素应在医生指导下，根据老年人的身体状况选择应用，不要迷信“好药”“贵药”“进口药”。有药物过敏史的老年人要记清对哪些药物过敏，在医生选药时提供参考。

五、慎用降压药

高血压是危害老年人健康的常见病，合理用药可控制血压，预防脑血管意外的发生。老年人患高血压若坚持用药治疗可降低致死性心肌梗死的发生概率，防止严重心力衰竭的发生，减少脑卒中的发病。但老年人对降压药敏感，易使血压急剧下降，或发生直立性低血压。在家庭中用降压药，也要监测血压，及时调整用药，使血压维持在理想高度。过低会对心脑等重要器官供血产生影响，使血流缓慢而发生意外。从小剂量开始，达到治疗量后改为维持量以巩固疗效。避免漏服，如已经忘记服药，不可在下次服药时加倍补服，以免药量过大，导致血压降得太低。

高血压是老年人常见病，合理使用降压药不仅是治疗高血压的需要，也是预防脑血管意外发生的一项重要措施。因此，老年人服用降压药应当注意以下几点：

1. 首选作用缓和的降压药，也可联合用药，但分剂量要小于单剂量。

2. 晚饭后不宜服降压药，可在下午 4~5 点服用。

3. 老年人如突然出现头痛、头晕、恶心、呕吐或肢体麻木、说话不流利，这是老年人高血压危象的表现，也是脑出血或脑血栓形成的先兆，此时不可盲目使用降压药，必须请医生或送医院诊治。

4. 患高血压的老年人若患有潜在性糖尿病，不能使用氢氯噻嗪；若患有支气管哮喘，不得使用普萘洛尔。

5. 老年人血压忽高忽低，但使用降压药时剂量不能忽高忽低，要有限度地调整剂量。同时，血压的波动有可能是心理因素造成的，老年人易发脾气，也是血压波动的原因。因此，患高血压的老年人要珍惜健康，不要单纯依赖药物降压，更重要的是心理降压。

六、忌滥用维生素

维生素是人体代谢过程中必需的营养素，日常正常饮食即可保证人体需要量。而有些人将维生素当作补药，盲目大量服用。常用的维生素 C 是治疗坏血病的特效药，也用于治疗动脉硬化，可防治肝炎、贫血，但大量服用可能导致泌尿系统结石；长期大量服用维生素 A 会使体内维生素 A 过多，表现为皮肤干燥，骨质疏松；长期大量服用维生素 D 会引起厌食、高血钙、高尿钙。所以，维生素类药也需在医生指导下，按需服用。

七、忌滥用血制品及性激素

有人认为血制品如球蛋白、白蛋白可以防百病、强身，实际上，它主要用于增强免疫力及补充蛋白，而且应按需使用。因有些血制品的血源筛选不严格，反而会使受血者感染肝炎、艾滋病等。老年期性激素水平下降是必然的生理过程，不可依赖用药“补”，要防止用“补”药后给身体带来不良后果。

八、不宜依赖泻药

有些老年人因体质虚弱、进食少、活动少等原因，易出现便秘的症状，因此依赖泻药，甚至形成习惯。老年人应采取综合调理如食疗等方式，注意调整膳食结构，多食蔬菜、水果等富含纤维素的饮食，适当运动，注意便意，养成定时排便的习惯。对已发生便秘者，可采用甘油栓剂、开塞露或其他比较安全和缓的方法。不要依赖化学刺激性导泻药，以免水泻不止，甚至发生肠痉挛。

九、注意药物有效期和失效期

为了确保用药安全和治疗效果，国家规定了药物的有效期，超过期限不准使用。有效期一般在包装的药盒、瓶签上注明。识别方法有两种：一种直接注明“× 年 × 月有效”，在此日期前使用有效，或注明“失效期 × 年 × 月”，表示到此日期失效；另一种方法是注明生产批号和有效期几年，批号为 6 位阿拉伯数字，其中第 1 位、第 2 位数为年，第 3 位、第 4 位数代表月，第 5 位、第 6 位数代表日，并注明生产批次，如 920512-2，有效期 2 年，即表明是 1992 年 5 月 12 日第二批生产，到 1994 年 5 月 12 日前有效。冠心病老年人的急救盒中的药物如硝酸甘油等均有有效期，为避免意外发生，家庭保健药箱中药品应经常检查、整理。

十、忌用茶水服药

老年人多喜欢饮茶，但服药仍以白开水为好。因茶水中含有大量鞣酸、茶碱，能与药物中的生物碱、蛋白质、重金属盐类发生化学反应，产生沉淀而影响人体对药物中有效成分的吸收，降低药物作用。如服硫酸亚铁可治疗贫

血，但是如果同时用茶水服药，茶中的鞣酸就会与铁发生化学反应，形成的鞣酸铁不仅没有治疗作用，还会刺激胃肠，引起不适。有些药物要忌食生冷、油腻、辛辣食物，有些药物不可与酒同服，如阿司匹林与酒同服，会加强对胃肠的刺激而引起出血。

十一、用药时注意配伍禁忌

中、西药品种类繁多，在联合用药时，注意协同和拮抗作用。协同作用时应减少用药量，如治疗感冒的解热止痛药和中药解表药均有退热发汗作用，同时用药会造成老年人出汗过多。

第二节 用药途径

一、口服法

绝大多数药物要经胃肠道吸收，从而发挥治疗作用，其方法简便、安全、无痛苦、经济，是老年人较易接受的最常用的给药途径。缺点是作用较慢，吸收量不规则，不适用于抢救等紧急情况。

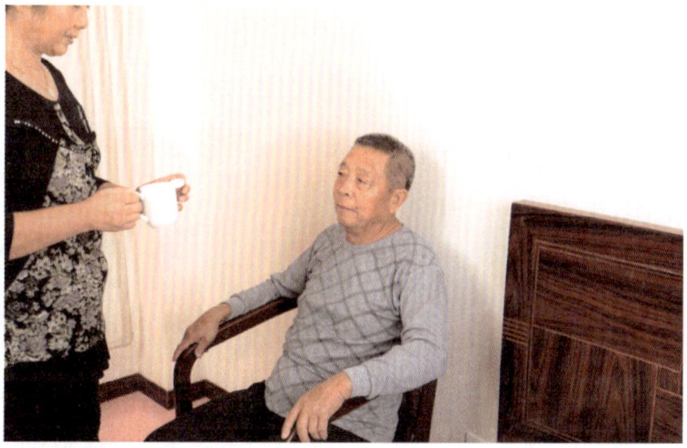

二、胃肠道其他途径

1. 舌下含服

此种方法作用快，但只适用于小剂量药物。

2. 直肠给药

包括保留灌肠法、直肠点滴法、栓剂塞入法，比口服作用快，对胃肠无刺激，吸收快。

三、局部用药

直接将药物用于患处，使局部保持较高的药物浓度并对局部产生作用，包括涂擦、含漱、湿敷、滴入(耳、眼、鼻)、喷雾吸入、熏洗以及阴道内灌洗、肛门塞入等方式。给药途径的选择，原则是“能口服，不打针；能打针，不输液”，根据药物的作用及病情需要而定。

1. 滴眼药

（1）目的

将药液滴入结膜囊，以达到相应治疗作用。

（2）准备工作

准备一：仪容仪表整洁，洗手。

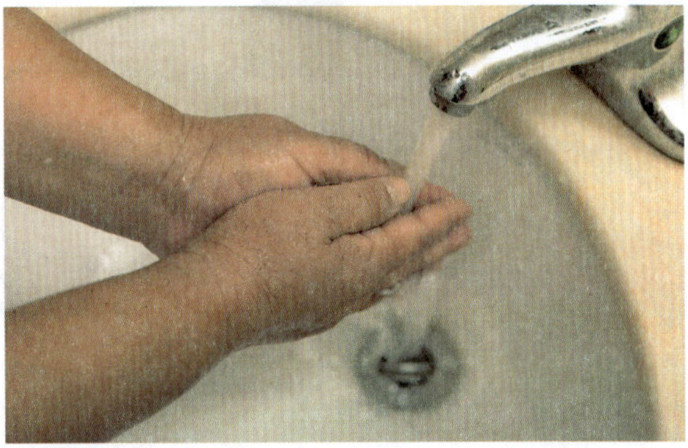

准备二：核对医嘱，查对用法。

准备三：检查用物，即药液、清洁毛巾或纸巾。

准备四：检查药物是否过期、混浊、变色、沉淀等。

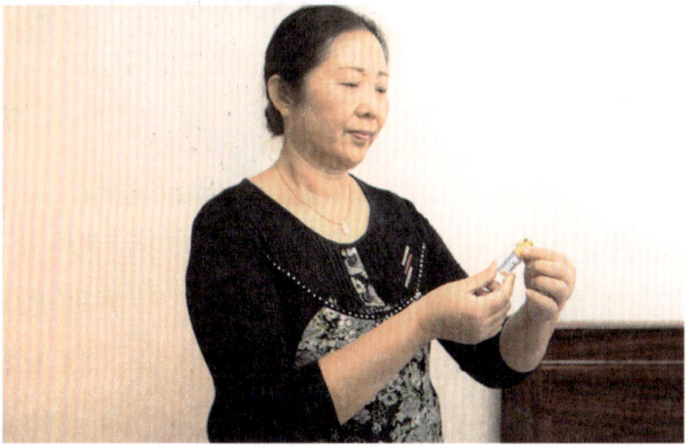

（3）步骤

第一步：向老年人解释情况，征得同意。

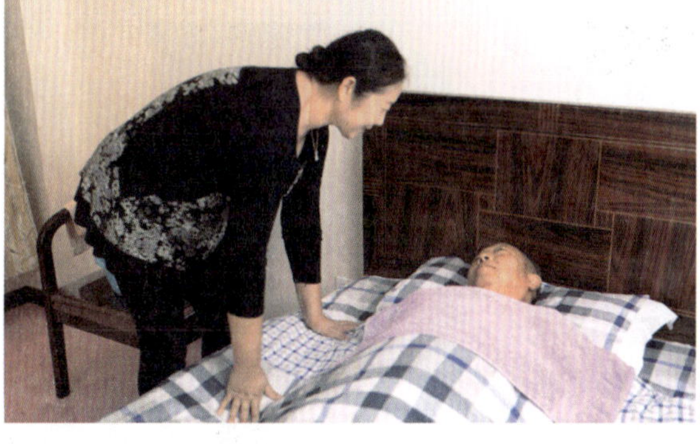

第二步：用清洁毛巾洗净眼部，观察眼睛情况。协助老年人平卧或取坐位。取坐位时头后仰，背靠椅背或床头，颈肩部可垫软枕。

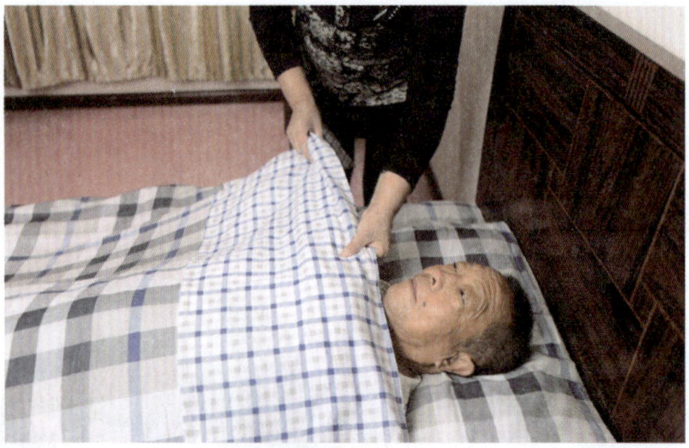

第三步：核对药物。

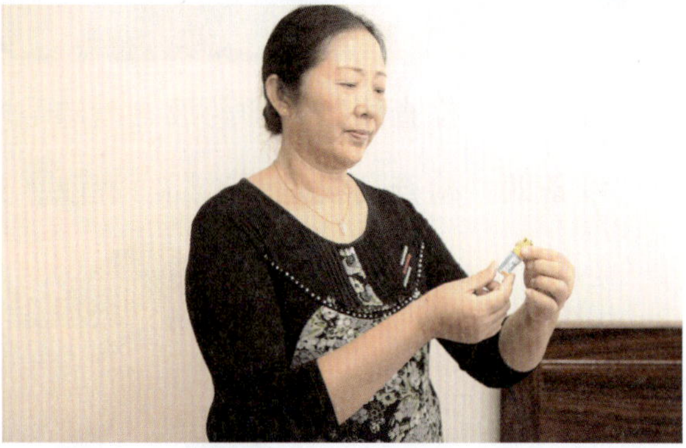

第四步：站在老年人右侧，左手拇指和食指轻轻分开上下眼睑，嘱老年人眼睛向上看，右手持眼药水距离眼睑 2 厘米左右，将药液滴入眼睑和眼球之间的间隙（下穹隆）1 ~ 2 滴。将上眼睑轻轻提起后松开，让老年人轻轻闭眼，同时按压内眦（内眼角稍下方）2 ~ 3 分钟。

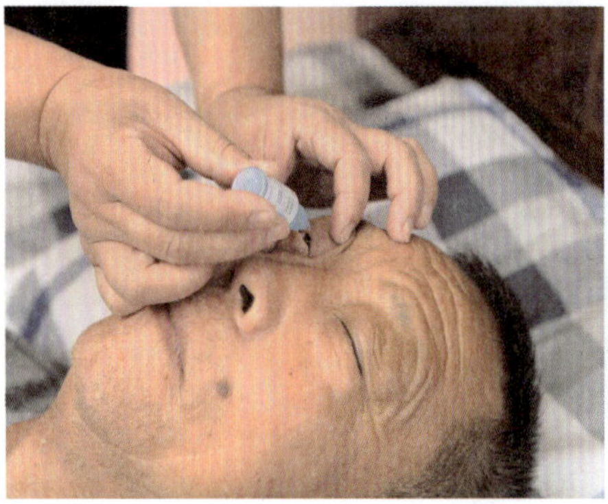

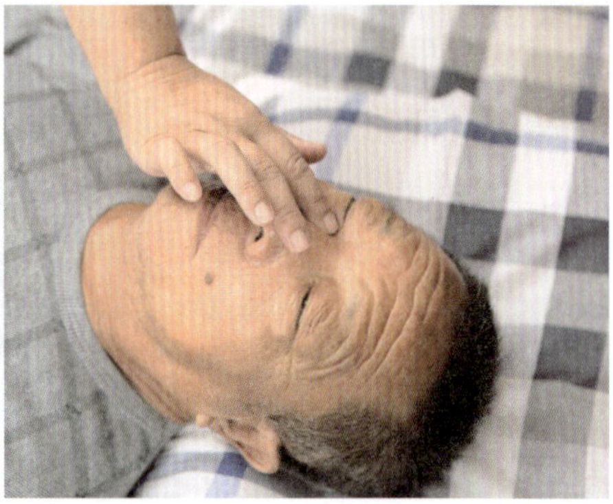

第五步：用毛巾或纸巾擦干面部外溢的药水。

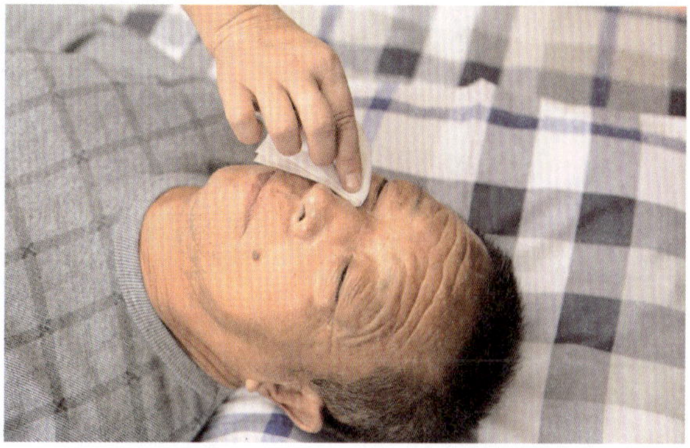

第六步：再次核对药物，整理用物。

第七步：洗手。

照护小贴士

1. 遵医嘱用药，用前检查药液，如有沉淀、混浊等变质现象不宜使用，药液用后妥善保管，切忌与滴鼻药等混放，以免用错；

2. 滴眼药水时滴管应距眼 2 厘米左右，避免触及睫毛污染滴管或碰伤眼球；

3. 需滴两种及以上眼药时，至少应间隔 3 分钟；

4. 滴完后压迫内眦 2 ～ 3 分钟，防止药液经鼻泪管流入鼻腔；

5. 冬天可将眼药水捏在手心片刻进行加温，减少冷刺激；

6. 如有异常情况，及时与医生联系。

2. 滴鼻药

（1）目的

通过鼻腔滴入药物，治疗鼻腔及副鼻窦疾病。

（2）准备工作

准备一：仪容仪表整洁、大方，洗手。

准备二：核对医嘱，查对用法。

准备三：检查用物，即滴鼻液、消毒棉签、毛巾或纸巾。

准备四：查对用法，检查药液是否过期、变色、沉淀、异味等。

（3）步骤

第一步：向老年人解释情况，征得同意。

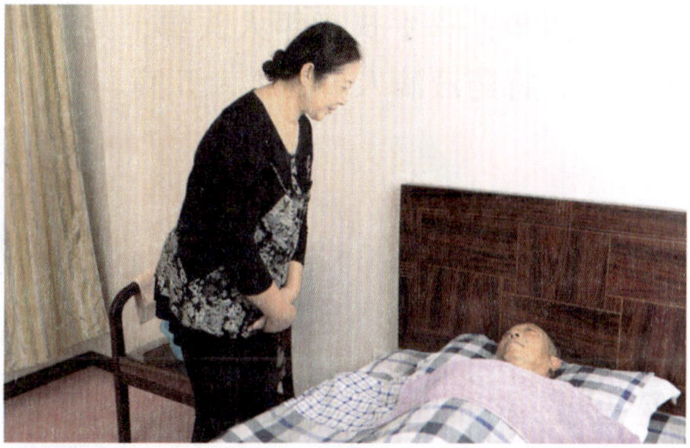

第二步：嘱老年人擤去鼻涕，必要时可用消毒棉签清洁鼻腔，观察鼻腔情况，询问老年人病情。让老年人取坐位或仰卧位，头后伸。

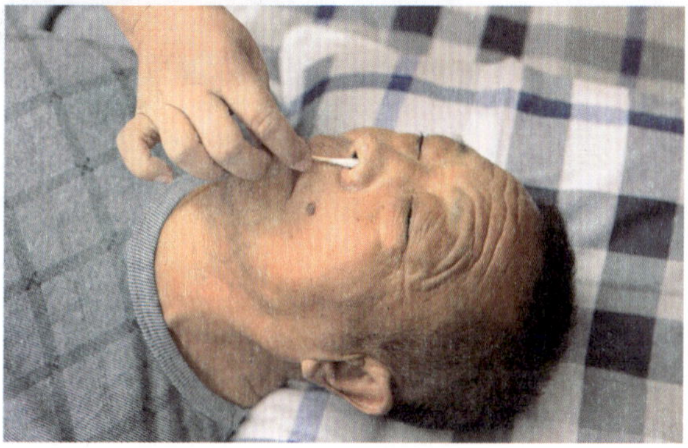

第三步：核对药物。

第四步：一手扶老年人头部，另一手持滴药管，距离鼻孔 2 厘米左右，将药液滴入鼻孔 3 ~ 5 滴。

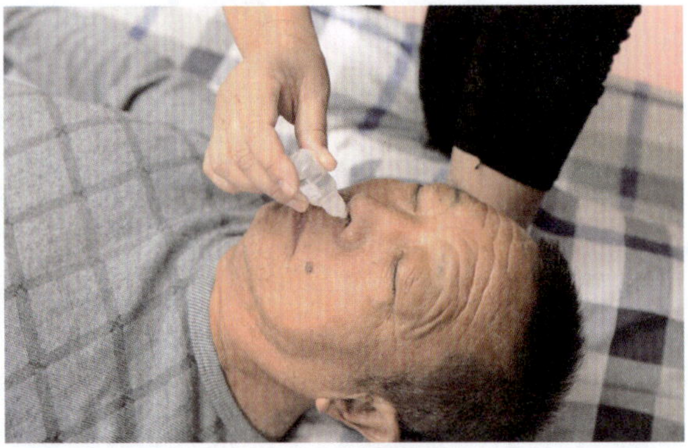

第五步：滴后轻捏鼻翼数次，使药液充分和鼻腔黏膜接触。

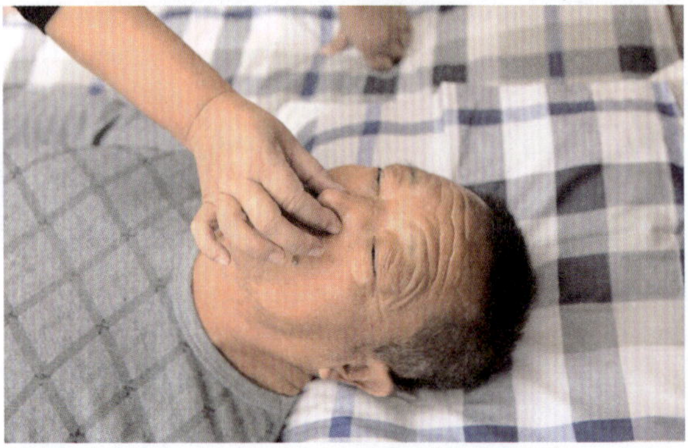

第六步：用毛巾或纸巾擦干面部外溢的药水，再次核对用药。

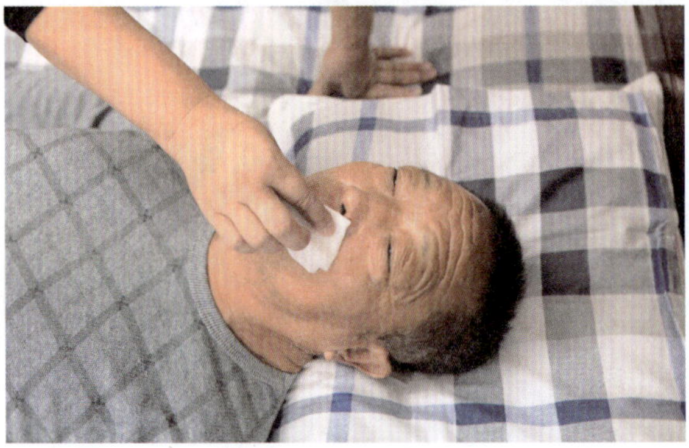

第七步：整理用物，洗手。

照护小贴士

1. 遵医嘱用药，给药前应仔细查对药名与用法；

2. 不可使用已变色、混浊、过期的药液；

3. 向鼻内滴药时，滴管不要碰到鼻部，以免污染；

4. 不能擅自依靠滴鼻液来改善鼻腔症状，避免长期用药。

3. 滴耳药

（1）目的

将滴耳药滴入耳道，治疗耳道疾病。

（2）准备工作

准备一：仪容仪表整洁、大方，洗手。

准备二：核对医嘱，查对用法。

准备三：检查用物，即药液、消毒棉签、毛巾或纸巾。

准备四：检查药液是否过期、变色、沉淀、混浊等。

（3）步骤

第一步：向老年人解释情况，征得同意。

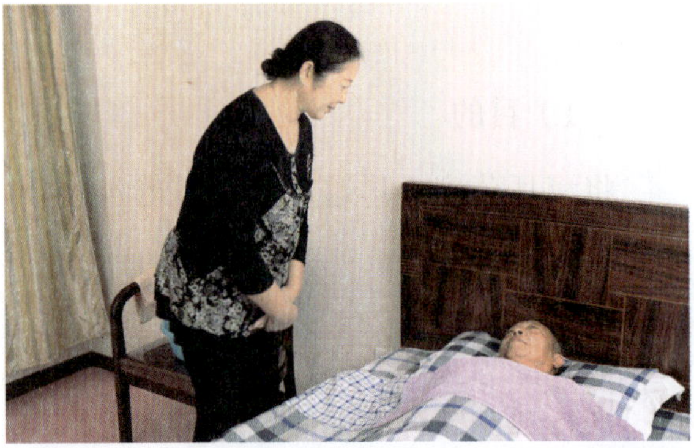

第二步：用消毒棉签擦净外耳道分泌物，观察外耳道情况。让老年人取侧卧位，患耳向上；也可取坐位，头侧向一侧肩部，使老年人外耳道口朝上。核对药物。

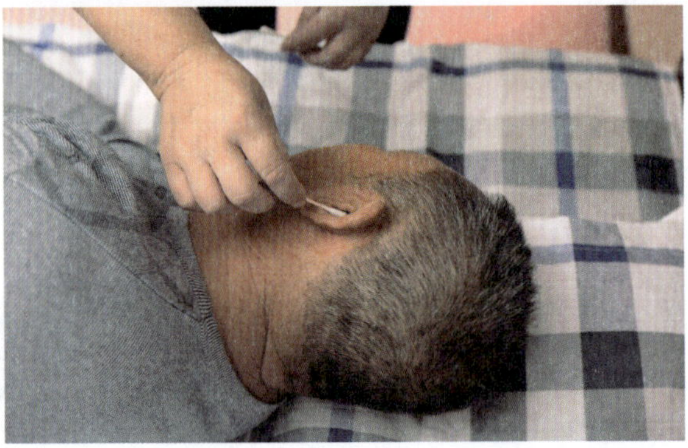

第三步：一手将老年人的耳郭向后上方牵拉，使耳道变直，另一手持滴耳药将药液顺外耳道壁滴入 3 ~ 5 滴。

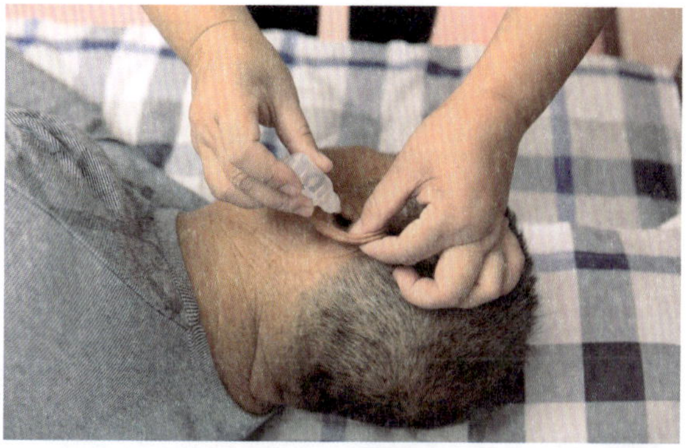

第四步：滴后按压耳屏数次，休息片刻再改变体位。

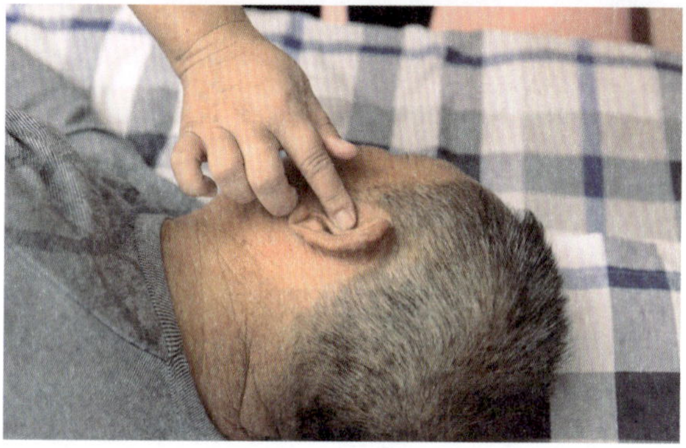

第五步：用毛巾或纸巾擦干外溢的药水，再次核对药物。

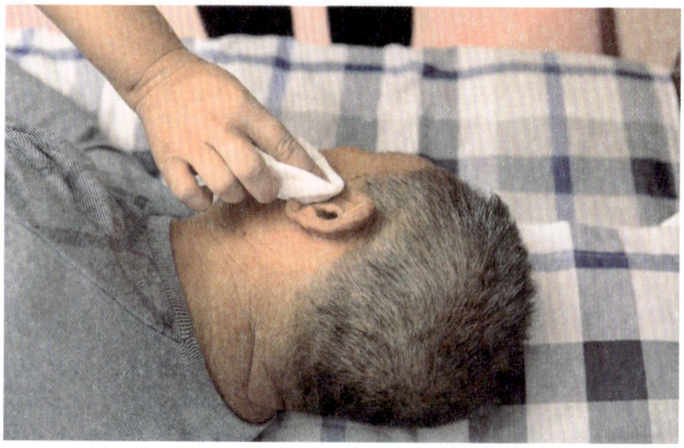

第六步：整理用物，洗手。

照护小贴士

1. 遵医嘱用药，用药前应仔细查对药名、用法，不可使用已过期、变色、沉淀、混浊的药液；

2. 滴耳药的温度应与体温接近，避免过冷刺激耳膜，引起不适；

3. 滴耳药的管头不要碰到耳郭及外耳道口，滴药时让药液沿外耳道壁流入耳道深部，按压耳屏数次，让老年人最好保持在原位休息 5 分钟，切忌将药直接滴在鼓膜上；

4. 软化耵聍时，每次药量可适当增加，最好在睡前滴药；

5. 几种药物同时应用时，应间隔 1 ~ 2 小时交替滴入。

第三节　用药注意事项

一、避免盲目用药

老年人遇到一些问题导致情绪紧张或者愁闷时，动辄就想使用药物来治疗，其实大可不必。老年人身体上的一些不适完全可以通过生活调理和心理调理来消除。一般来说，用药不能盲目，能不用时应尽量避免用药。

二、掌握好适应证

老年人用药要掌握适应证，只有明确诊断疾病后才能对症下药。如果只根据一些表面现象来用药，很容易产生严重的不良反应。用药还要因人而异。一般情况下，体质单薄、瘦弱、贫血、气虚的老年人，切忌大寒、大凉、发散、峻泻之药；体质肥胖、壮实，有高血压、高血脂、高胆固醇的老年人，应慎用大温、大热、升提滋补之药。

三、选择合适剂型

有些老年人身患疾病较多，一次服用的药物也较多。而老年人的吞咽功能不好，一次服用这么多药物，既不方便又很困难，因此，不宜使用片剂、胶囊，可选用液体剂型。另外，老年人胃肠道功能不稳定，不宜服用缓慢释放的药物制剂，否则会因胃肠蠕动的突然加速而使药物释放不充分。

四、注意给药方式

老年人若能口服给药的，就不必通过静脉和肌肉注射方式给药。这是因为老年人的血管壁较脆弱，容易破裂，并且肌肉对药物的吸收能力较差，当以注射方式给药后，疼痛较为显著或易形成硬结，因此，应尽量减少注射给药。

五、减少用药种类

用药种类多是引起药物不良反应的主要因素。在同一时间内用药种类越多，发生不良反应的概率就越大。据统计，使用 1 种药的不良反应发生率为 10.8%，而同时使用 6 种药时，不良反应发生率则可增至 27%，所以老年人，特别是患有慢性器质性疾病的老年人，用药种类应尽量减少。

六、选择合适剂量

由于老年人肝肾功能减退，导致机体对药物代谢的能力下降，同时肾脏的排泄也较慢，因此，老年人用药剂量比青壮年应有所减少。一般规定，60 ~ 80 岁的老年人使用成人剂量的 4/5，80 岁以上的老年人使用成人剂量的 1/2。

七、注意药物不良反应

老年人是药物不良反应的高发人群。老年人在用药过程中，如出现某些异常症状，应及时停药。对从未用过的药物要特别注意。已引起过副作用，特别是已发生过过敏反应的药物，绝不能再使用。此外还应避免长期用药，以免使药物在体内蓄积而导致中毒反应。

八、用药时间的选择

老年人用药时间的长短由病情决定，通常按“衰其大半而止”的原则，尤其是对毒性较大的药物。除一些不能突然停用的药物，如抗癫痫药、治疗帕金森氏症药、糖皮质激素类药物等，其他药停用一般都是安全的。建议在停药前咨询医生。

九、不要滥用补药

乱吃补药会带来不少危害。例如，长期大量服用营养补益药，会诱发体内多处骨质增生。不过作为治疗疾病的辅助措施，适当用一些补剂也是可以的，但必须按医嘱服用。

照护小课堂

——各类药物的合理用药时间

近年来，随着医药科学的发展，专家们发现许多药物的疗效与用药时间密切相关。这是因为人体的生理和病理变化与昼夜节律波动现象有关。所以，掌握合理的用药时间，能成功治疗疾病和减少药物不良反应。

抗贫血药铁剂 → 贫血老年人晚上7点服用铁剂，血液中铁的浓度是早上7点服用时的4倍，疗效最好，故以晚上7点服用最佳

钙剂 → 人体的血钙水平在午夜至清晨最低，故临睡前服用钙剂可使钙得到充分的吸收和利用

降血压药物 → 根据人体生物钟的节律，降血压药宜分别于早上7点、下午3点和晚上7点分3次服用。早晚两次的用药量比下午用量要适当少些。如1日1次的降压药，则宜在上午服用。晚上临睡前不宜服用降压药，以防血压过低和心动过缓，导致脑血栓的形成

抗菌药物

抗菌药物排泄较快，为了在血液中保持一定浓度，每隔 6 小时应服药 1 次。风湿性或类风湿性关节炎老年人，常见于每天清晨和上午关节疼痛较重。如服消炎止痛类药物，可在早晨加大剂量服 1 次，效果最好，且可免去中午的 1 次服药

降糖药

糖尿病老年人在凌晨对胰岛素最敏感，这时注射胰岛素用量小，效果好。甲苯磺丁脲宜上午 8 点口服，作用强而且持久，下午服用需要加大剂量才能获得相同的效果

强心药

心力衰竭老年人对洋地黄、地高辛和毛花苷 C 等药物在凌晨 4 点最为敏感。此时服药，疗效比其他时间要高 20 倍左右，但若此时仍按常规剂量使用，极易引起中毒。研究证明，这类药物上午 10 点血药浓度上升缓慢，因此，上午给药疗效更佳

抗哮喘药

氨茶碱宜在早上 7 点左右服用，效果最佳。其他平喘药以临睡前服用效果好，因为凌晨 0 ~ 2 点是哮喘老年人对引起支气管痉挛的乙酰胆碱和组胺最为敏感的时间

抗过敏药

赛庚啶于早上 7 点左右服用能使药效维持 15 ~ 17 小时，而晚上 7 点服用，只能维持 6 ~ 8 小时

激素类药

人体对激素类药的反应也有时间节律。由于人体肾上腺皮质激素的分泌高峰在上午 7 点左右，故在每天上午 7 点一次性给药疗效最佳

解热镇痛药	如阿司匹林，在早上7点左右（餐后）服用疗效高而持久；若在下午6点和晚上10点服用，则效果较差
降胆固醇药	由于人体内的胆固醇和其他血脂的产生在晚上会增加，因此，老年人宜在吃晚饭后服用降胆固醇的药物
催眠药	一般宜在晚上临睡前半小时服用

老年人往往比较关注且轻信与自己疾病相关的医药广告。社会各界应大力宣传医药科普知识，告知老年人不要随意使用广告推荐的药品，不能滥用偏方和秘方、滋补药或抗衰老药。同时也要告知老年人，糖皮质激素类药物、解热镇痛药物、抗生素、维生素、泻药、安眠药物等都应避免滥用，否则会出现较严重的后果。

照护小贴士

处方药与非处方药的区别及购买注意事项：

所谓处方药，就是只能凭有处方权的执业医生开出的处方才能购买和使用的药品。处方药药理作用强，用于治疗较重疾病，易引起毒副反应。老年人必须去医院，经医生明确诊断后，凭处方取药，并在医护人员的指导或监护下使用。如抗癫痫药、抗精神病药、降血压药、治冠心病药等，以及经注射途径使用的各类药品，均不得在药房、药店或超市内销售，以防应用不当而中毒，危及人们的生命安全。

非处方药则是消费者不需要医生处方，可根据自己的病情，按药品标签内容、说明书的说明，自行到药房或药店购买、使用的安全有效药品。

自购非处方药时，除根据老年人的病情及认真看标签内容、说明书外，还应注意以下几点。

1. 解热镇痛药，用于解热时最多服用 3 日，止痛时最多服用 5 日，症状未缓解或消失应向医生咨询。

2. 镇静催眠药，用于失眠时，连续服用不得超过 1 周。

3. 抗酸药与胃黏膜保护药，服用 1 周，症状未缓解或消失应向医生咨询。

4. 胃肠解痉药，服用 1 日，症状未缓解或消失应向医生咨询。

5. 感冒用药，服用 1 周，症状未缓解或消失应向医生咨询。

6. 镇咳药，服用 1 周，症状未缓解或消失应向医生咨询。

7. 平喘药，服用 3 日，症状未缓解或消失应向医生咨询。

因此，在应用非处方药的过程中，照护人员及老年人应注重医疗知识和用药知识的学习，要重视咨询医生和执业药师，防止经验用药和盲目用药，要认真阅读药品说明书，注意药物的双重性，特别要注意药物的毒副作用。

处方药与非处方药除上述的界定外，我们还应知道，同一种药物（活性成分）因其剂型和适应证的不同，可以同时将其划为处方药与非处方药，并在剂量、疗程和适应证方面加以限定。因此，如果对病情把握得不是很准确，最好还是到正规医院找医生看，这样用药才更稳妥。

第四节　抗菌药物

抗菌药物是指由生物包括微生物（如细菌、真菌、放线菌）、植物和动物在内，在其生命活动过程中所产生的，能在低微浓度下有选择地抑制或影响其他生物功能的有机物质——抗生素及由人工半合成、全合成的一类化学药物的总称。

一、滥用抗菌药物的危害

抗菌药物的使用对人类健康和生命的保护功不可没，但滥用抗菌药物则成为危害人们健康和生存环境的重要因素。

滥用抗菌药物主要有以下四个方面的危害。

1．诱发细菌耐药

病原微生物为躲避药物在不断地变异，耐药菌株也随之产生。目前，几乎没有一种抗生素不存在耐药现象。

据文献报道，耐红霉素的金葡球菌已超过50%，耐头孢菌素的菌株已达40%，耐喹诺酮的菌株在35%左右。

2．损害人体器官

抗生素在杀菌的同时，也会造成人体损害。如喹诺酮类可致年幼动物软骨损害，少数病人出现关节痛和炎症；四环素使儿童牙齿变黄；利福平、红霉素均可引起肝损害；氯霉素服用后难以灭活，可引起儿童心血管衰竭的“灰婴综合征”，严重者可致死；氨基糖苷类可致儿童永久性失聪；青霉素会发生过敏性休克，严重危及生命。

3．导致二重感染

在正常情况下，人体的口腔、呼吸道、肠道都有细菌寄生，寄生菌群相互制约维持着平衡状态。如果长期应用广谱抗生素，敏感菌群会被灭杀，而不敏感菌群则乘机繁殖，未被抑制的细菌、真菌及外来菌也会乘虚而入，诱发又一次的感染。

4．浪费医药资源

抗生素的生产有天然、半合成、合成三种方法，其中前两种都需粮食做培养基；同时新的抗生素价格昂贵，滥用造成资源浪费和治疗费用居高不下。

二、老年人应用抗菌药物的不良反应

1．毒性反应

这是抗生素最多见的一种不良反应，它往往是由于用药剂量过大或时间过长而对人的神经系统、肾脏、肝脏、造血系统、胃肠和局部注射处发生毒性作用。如链霉素、卡那霉素、庆大霉素对第8

对颅神经的损害，可导致平衡失调，听觉减退或丧失；氨基糖苷类、头孢霉素类、四环素类可引起肾脏损害。服用氯霉素能引起再生障碍性贫血；服用磺胺类抗生素能引起皮炎、皮疹、血管神经性水肿等。

2. 过敏反应

几乎每一种抗生素都有过敏反应，这是一种不正常的免疫反应。如青霉素、链霉素、头孢类抗生素可造成过敏性休克、药物热、皮疹、血管神经性水肿等过敏反应。其中以迟发性过敏反应危险最大，常被疏忽而造成无法弥补的危害。

3. 二重感染

老年人长期联合应用广谱抗生素很容易引起机体菌群失调，这是指发生于抗生素应用过程中的新感染。其临床表现与原发病不同。发生二重感染的病原菌主要为金葡菌、真菌及肠道革兰阳性杆菌，这些病原菌由于反复与青霉素、链霉素、氯霉素等常用抗生素接触而逐渐产生耐药性，而原发病又使老年人抵抗力大大下降，一旦感染病情很难控制，病死率很高。

4. 细菌耐药性的改变

抗生素的经常使用会使人体内外的细菌产生耐药性。如葡萄球菌、肠道革兰阳性杆菌、结核杆菌、痢疾杆菌之所以长久地肆虐人类，就是其耐药性不断增强的结果。

三、老年人使用抗菌药物的注意事项

老年人的组织、器官呈生理性退行性变，免疫功能也逐渐减退。患有感染性疾病时，如果按一般常用量使用主要经肾排出的抗菌药物，由于老年人肾功能呈生理性减退，药物自肾排出会减少，导致药物在体内蓄积，血药浓度增高，容易引起药物不良反应。因此，老年人，尤其是高龄老年人使用主要自肾排出的抗菌药物时，应按轻度肾功能减退的情况减量给药，可用正常治疗量的1／2～2／3。老年人宜选用毒性低并具杀菌作用的抗菌药物，如青霉素类、头孢菌素类等药物。毒性大的氨基糖苷类等药物应尽可能避免应用，有明确应用指征时在严密观察下慎用，同时应进行血药浓度监测，据此调整剂量，使给药方案个体化，以达到用药安全、有效的目的。

3

第三章
发现异常别大意

第一节 疾病征兆的观察

一、视觉

观察老年人的姿势、面部表情、皮肤颜色，身上是否有肿瘤、水肿或破皮，有无自发性的动作等。

二、听觉

倾听老年人说话、咳嗽、呼吸的声音是否正常。

三、嗅觉

仔细辨别老年人身上的气味、呼吸的味道、伤口分泌物是否有异味。

四、触觉

触摸老年人的皮肤，可以得知其皮肤是温暖、干燥的，还是冰冷、潮湿的，并可利用触觉测量脉搏次数。

第二节　常见疾病征兆与简易照护措施

一、皮肤病

1. 常见皮肤病变

斑疹：扁平、皮肤颜色改变、斑点有明显的界线，例如麻疹。

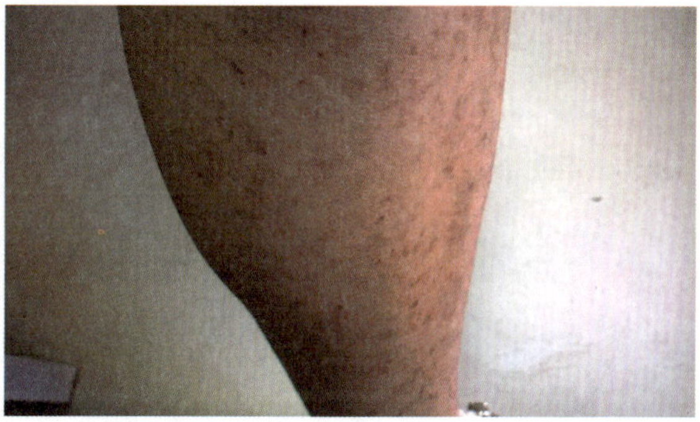

丘疹：表皮变厚、坚实突出、触疹可感觉到，例如水痘。

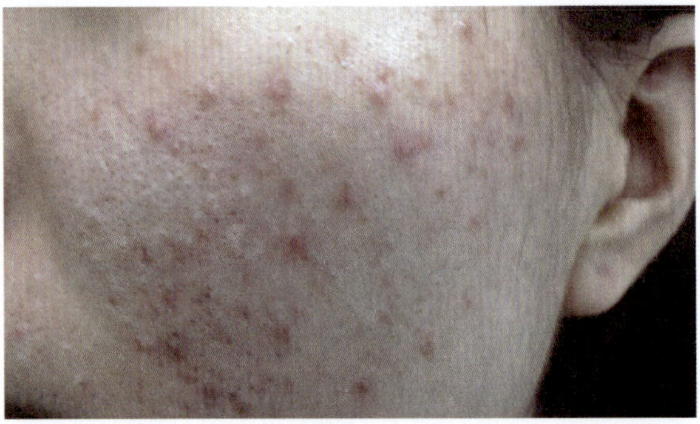

脓疱：隆起于皮肤，内含脓液，例如痤疮。

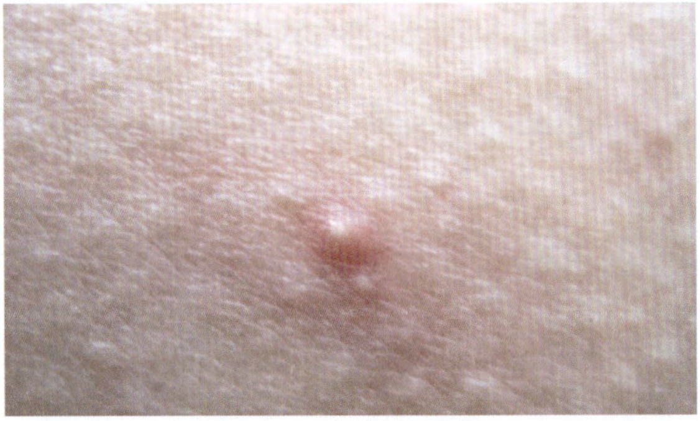

水疱：凸起于皮肤的病灶，内含液体，例如二度烧烫伤、带状疱疹等。

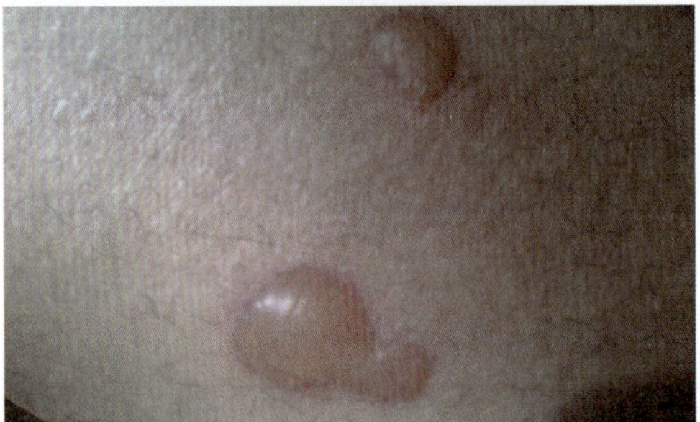

抓伤：部分皮肤呈现抓搔的痕迹。

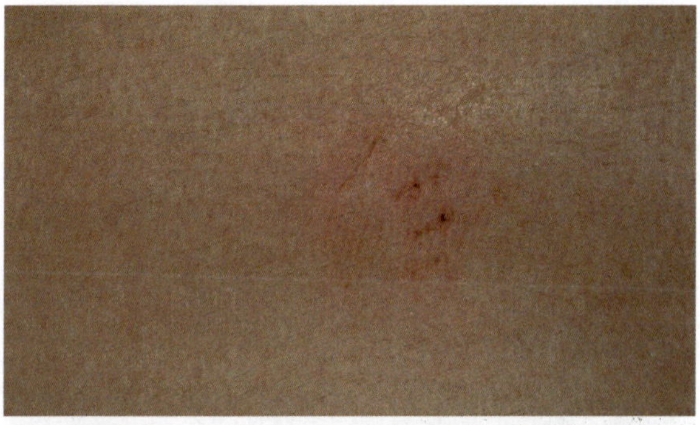

痂皮：因水疱或脓疱内容物凝固而形成的硬块。

照护小贴士

常见皮肤病变的简易照护措施：

1. 密切观察老年人皮肤的变化，不要移除任何敷料；

2. 在为老年人淋浴或擦澡时，在病变部位不要使用任何肥皂、乳液或水；

3. 没有医护人员的指示，不要去除皮肤上的痂皮；

4. 在接触老年人前后都应彻底洗手，动作应轻柔，不要用力摩擦老年人的皮肤；

5. 当接触到开放性伤口、老年人体液或血液，更换潮湿的床单时，应穿戴手套。

2. 皮下出血

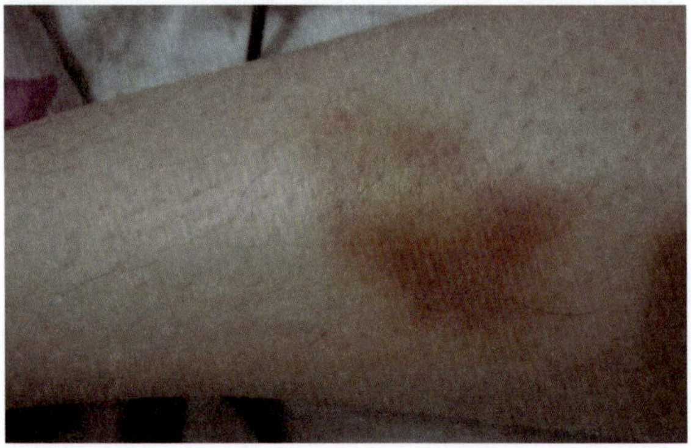

若有突然而原因不明的皮下出血发生时，就值得注意。要想到可能是其他原因造成的，比如：

药物引起的反应。抗凝剂或阿司匹林都会使血液变得比较“稀薄”，一旦发生碰撞或割伤的时候，就容易造成瘀青或流血的情形。因此，如果发现皮下出血或瘀青现象时，要想到可能是自己使用的药物引起的。例如服用奎宁片以防腿部抽筋或痉挛；用奎尼丁治疗心脏病；抗生素、利尿剂等都有可能造成这些现象。

过敏反应。有些过敏反应会使血管壁变得容易渗血，造成血液从血管渗出而后渗进皮下。另外，许多自身免疫系统失调的情形也会出现这种情况。

白血病。白血病会侵入骨髓，以癌细胞取代原本控制凝血能力的细胞，使血液无法凝固。

病毒性疾病。病毒性疾病会降低血液中血小板的数量（血小板是血液凝固时所需的重要成分），这也会造成皮下出血，甚至引起内出血。

老年人的皮下有时会出现紫色的斑点，其中尤以腿部及手臂两个部位最为明显，这是因为皮肤老化后失去原有脂肪层的保护，导致皮肤下血管更容易受伤而发生出血症状，发生皮下出血的部位并不表示该处同时也有内出血的现象。

二、胸痛

老年人突然感觉胸部不适时，一定要想到可能与心脏问题有关，并且依此采取必要的行动。对老年人而言，若具有高血压、糖尿病或血脂不正常等危险因素时，胸部疼痛的症状由冠状动脉病变引起的可能性就会相对增加。

胸部其实是个很复杂的部位，有各种不同的器官和神经分布，所有这些器官及神经都有可能引发类似心脏病发作的症状。可能造成这种情形的状况如下：

肺部疾病（如胸膜炎，这是一种肺部内膜发炎的现象，也是肺炎的先兆。另外还有栓塞，这是因为肺部的小血管受到血凝块的阻塞所导致的病症。上述两种状况可能会被误认为心脏病发作）。

食道问题（食物自食道进入胃部的过程，如果受到阻碍会引起疼痛，这种疼痛和心脏引起的疼痛其实是可以区分的）。

食管裂孔疝（因为横膈膜疾病而使胃酸进入胸腔，胃酸可使心脏部位表现为灼热的感觉）。

肋骨受伤或发生病变。

神经受到刺激（因神经从脊髓发出时受到挤压所致）。

胸腔壁的肌肉发生痉挛所致。

胆囊病变以及脊椎部位的关节炎等。

那么老年人及照护人员应如何分辨引起胸部疼痛的原因之间的差异呢？

1．心肌梗死

心肌梗死发作的典型疼痛是属于压迫性的，而出现这种感觉的位置主要在胸部正中央的胸骨后，可能放射到一侧肩部或贯穿到背部，到达手部（通常是左肩、左臂及左手，但也会有特殊情况），甚至还会传到颚部或耳朵。如果动脉完全被阻塞，则症状并不会因为诱因的停止而自行消失，这时如果舌下含服硝酸甘油就可以暂时减轻症状，但是之后疼痛又会复发。老年人出现脸色苍白、虚弱、呼吸短促、冒冷汗等症状，通常情绪也会非常不安。另外，也可能伴有咳嗽、心悸、眩晕、头昏、眼花等。此时如果采取坐姿则症状会稍微舒缓一些。

以上所述就是心肌梗死发作的典型症状，但是随着始发疼痛症状的不同，以及心脏受损的程度及位置不同，所显现的情况还是会与上述的典型症状不相同。事实上，心脏病的发作也可能是完全没有任何症状的，老年人本身毫无感觉，且从来没有发病经历，但有可能在突发事件中心脏病发作。

2. 心绞痛

心绞痛所引起的胸痛本质上和上述心脏病发作时的胸痛症状是相同的：压迫感或紧勒感，通常从胸腔正中部开始，逐渐扩及左肩、左臂及左手。但心绞痛的症状没那么严重，老年人通常不会有虚弱、冒汗或其他症状发生，而且最主要的是发作持续时间很短。心绞痛往往由某些异常的压力引起，压力可能来自生理情况（如上坡速度较快，特别是在寒冷或大风天气）；也可能来自心理情况（如与人争论过于激动，或太过兴奋等），在这些运动结束或压力解除后，症状便会迅速消失。心绞痛的发生通常表示冠状动脉已经因为动脉硬化的缘故而发生部分阻塞了，而大部分的心肌梗死发作情况则表示冠状动脉已经完全阻塞了。假使心绞痛复发频率越来越高，尤其是在休息时或晚间发作，必须马上就医，因为这是心肌梗死的前兆。

但心绞痛并不一定就表示动脉阻塞了，它也可能是因为动脉发生暂时性的痉挛所导致的。如果是这种情况，也必须接受治疗，因为痉挛现象持续拖延下去会导致心肌梗死的发生。

照护小贴士

心绞痛的促发因素：

1. 过度用力；

2. 吃大餐；

3. 情绪亢奋或心理压力；

4. 天气太冷或太热。

心绞痛的简易照护措施：立刻躺下或坐着休息，舌下含服硝化甘油。其副作用有头痛、低血压、眩晕、潮红等。饮食宜清淡、易消化，定时定量，多食蔬菜、水果，戒烟酒、浓茶。

照护小贴士

1. 随身携带硝酸甘油，清楚药品放置位置；

2. 发作征兆乍现时，应立即将一片硝酸甘油放于舌下，服药时采取坐姿或卧姿；

3. 服药后若胸痛未消失，约5分钟后可含服第二片硝酸甘油，直到疼痛缓解为止，若3～5片药后疼痛仍未缓解，应立即就医；

4. 随时备有新鲜的硝酸甘油，有效期是6个月，平时应存放在暗色瓶内，并保持干燥；

5. 提醒老年人在从事费力的活动前，先舌下含服一片硝酸甘油，以预防发作；

6. 告诉老年人硝酸甘油的副作用，例如头痛、脸红等，过一段时间会逐渐减轻；

7. 对于过度焦虑与神经质的老年人，应事先报告医护人员；

8. 过重的老年人应减轻体重；

9. 鼓励老年人规律活动或运动。

3. 心包炎

心脏也可能因为心包受到侵害而产生不同于上述的疼痛，心包指包裹在整个心脏外的覆膜。当心包受到病毒感染时，就会造成心包炎。它的症状和心肌梗死发作的症状极为相似，唯一不同的是心包炎在深呼吸时疼痛会加剧。所以，将这两种完全不同的病症分辨清楚的唯一方法就是做心电图和完整的健康体检，千万不要自己随便做判断。一般的病毒性心包炎都是良性的，只需要休息并服用阿司匹林即可治愈。但很多较严重的病因，包括从心脏病到扩散至心包的癌细胞等许多情况，也都会出现同样的症状，必须按照发病原因妥善予以治疗。

三、贫血

最早出现的症状有头晕、乏力、困倦；而最常见、最突出的体征是面色苍白。症状的轻重取决于贫血的速度、贫血的程度和机体的代偿能力。

注意贫血患者的出血倾向，如皮肤黏膜出血、鼻衄、牙龈出血、眼底出血等，给予对症和止血处理，发生胃肠道大出血或存在颅内出血的危险时，应准备好各种抢救药物及用物，进行抢救。

对于贫血的护理还需保持居室清洁，每天空气消毒，白细胞下降者应行保护性隔离以减少贫血患者的感染。

注意贫血患者的口腔清洁及肛门卫生。坚持饭后、睡前漱口，防止口咽部溃疡，常用漱口液有生理盐水等。贫血的护理需要防止肛门周围发生坏死性溃疡而导致败血症。

皮肤、黏膜广泛出血者注意防止感染，高热大汗者及时更衣，贫血患者需要避免受凉感冒。

急性型及重型的贫血患者须绝对卧床休息。

饮食按照贫血患者饮食原则，结合贫血的原因补充缺乏物质和调整饮食结构。如对于营养不良性贫血，给予富含铁、叶酸或维生素 B_{12} 的饮食；口腔炎、舌炎患者进温热软食。重型再障患者有出血倾向，宜给予无渣半流食物；消化道出血严重时，应禁食。

四、出血

1. 痰及唾液中带血

首先要观察的是，痰和血丝是什么颜色的？在什么情况下有这种出血现象发生？

多年来是否一直有频频干咳的现象？

近期是否突然出现咯血的情况？

唾血的情况是否不断重复出现？

近期是否未曾出现过发热、胸痛及腿部不适的情况？

从未患过心脏方面的疾病吗？

最近没有患上重感冒吗？

如果这些问题的答案都是肯定的，那么很可能是患了肺癌。肺癌的主要特点是患者的年龄多在40岁以上，烟龄长，没有发热的迹象，以及在咯血现象出现之前，有长时间的慢性咳嗽。当癌细胞侵犯肺脏的范围越来越大时，老年人会觉得呼吸变得急促，而后并发胸痛，尤其是深呼吸时，胸部疼痛的情形会特别严重，因为这时癌细胞已经侵入胸膜（包裹肺脏的外膜）。最好的办法就是立即戒烟，这样做能避免许多更加严重的病症。当然，这些情况下的咯血现象是癌症发病征兆，但并不是每一个这般咯血的人都会罹患肺癌。肿瘤有时是良性的。

不论是细菌或是病毒引起的肺部感染都会造成痰里带血的现象。比如慢性支气管炎（支气管受到感染）就是一个例子，有痰中带血丝的症状；肺癌的症状则往往是痰液和血液混杂在一起。若是患有肺炎球菌引发的肺炎（老年人较容易罹患的传统性肺炎），则痰里夹带的血液呈锈色，这是因为肺部出血状况早在血液被咯出来前几天就发生了，但流出的血液却滞留在肺里而呈现出发霉的色泽。另外，肺炎球菌引发的肺炎会造成发热、打冷战及呼吸疼痛等症状。

患有任何一种心脏疾病的人都有可能因为心脏功能衰退，使胸部充血造成不适。这时，老年人得用几个枕头垫高头部，或根本就得端坐在椅子上才能顺畅地呼吸。在这种情况下，咳嗽是很常见的症状，咳出来的痰和唾液多呈泡沫状，而且混着血迹。

如果老年人持续多年的咳嗽习惯有所改变，也就是说，咳嗽次数变得更频繁，痰里带血量越来越多，这时候一定要找医生对肺部做详细的检查。

如果因为重感冒或一般流行性感冒而咳得厉害时，剧烈的咳嗽本身可能会使喉咙遭到轻微的裂伤，造成唾液里带血的情形。但千万不要把它当作是理所当然的现象，尤其是咯血现象持续不断地出现时，就更要小心。

2. 尿液中带血

膀胱炎：尿液中带血，而且排尿时疼痛。

肾脏出血：从排尿一开始到结束的整个过程中都有血迹出现，尿液略带红色或呈棕色。

低处器官组织出血：尿液带鲜红色，可能是膀胱内有肿瘤或结石、前列腺感染或尿道发炎等病症。

尿道出现问题：排尿一开始就能看到血尿现象。

膀胱出血：尿液原本都呈现黄色，一直到快排完尿时才有血迹出现。

尿道壁出血：不排尿的时候也看到血从尿道流出。

大量出血：尿液里出现血凝块时，这种现象应前往医院检查是否有肿瘤形成。

肾结石：出血时伴有腹部、背部或腰部的剧烈疼痛。

泌尿系统较低部位出血：排尿时会有灼热疼痛的感觉，或甚至有排尿困难的状况，也许是结石或前列腺或膀胱受到感染引起的。

肾脏或前列腺受到感染：尿频、尿意频繁（膀胱里的尿液好像没排完似的），同时伴有发热、冷战等症状。

急性血管球性肾炎：尿液中带血，同时身体各部位（腿部、脸部及手指等）也都肿起来。

系统性红斑狼疮：尿液中带血，且伴有关节疼痛。

3. 粪便中带血

直肠或肛门出血：粪便外表上有鲜红的血迹，而不是混合在粪便中，或是擦拭时沾在手纸上，或沾在马桶上。也可能是因为便秘，在排便的过程中出现肛裂。但在吃了红甜菜之后的12小时内，也可能会使粪便带有鲜红色的色素痕迹。

肠息肉或恶性病变：血液不仅在粪便的表面上，而且混合在粪便中。

癌症：出现血便的症状。粪便的形状逐渐变得像绳子一样窄窄细细，而且排便的习惯也有所改变，如以前正常，现在却时而腹泻时而便秘。

直肠或肛门处有痔疮或有裂伤：排便时有疼痛的感觉。

结肠炎、肠内血管病变或肿瘤：出现与排便无关的腹部疼痛，且有便血。

胆管阻塞：粪便的颜色如果是逐渐改变的，且无胆囊病变的症状，那么可以判断不是结石，可能是其他部位的病变阻塞了胆管，不能使胆汁正常分泌所致。

照护小贴士

出血老年人的照护方法：

1. 出血的老年人容易出现恐惧不安的情绪，除密切观察老年人变化外，也要给予心理支持。被血液污染的衣物床单，应尽快处理以保持老年人的清洁舒适，尽量避免让老年人看到。

2. 有出血倾向的老年人，一般需要长时间保持安静。若有关节内出血，为预防出血情形恶化，应该多让关节休息、局部冷敷以及服用止痛剂；若疼痛过于剧烈，医生可能考虑抽出关节内积血。一旦出血停止，肿胀消退，就要鼓励老年人进行全范围关节运动，以避免长时间不运动的并发症（运动关节必须有医嘱，并在专业人员指导下进行）。

3. 保护老年人避免受伤很重要，因为有出血倾向的老年人，即使是很小的刺激也可能引起大出血，因此走廊、浴室等处应设置防滑的设备，家具、床栏等较尖锐处应有保护措施，以防老年人因碰撞而受伤。

4. 测量血压或绑止血带时应迅速准确，避免因压迫太久而造成皮下出血。

5. 口腔、鼻腔出血时，应注意口腔鼻腔的清洁。口腔内的凝血块，不能强行剥除以免导致再度出血，照护人员应向老年人说明。

6. 消化道的出血，可能造成吐血、呕吐咖啡色胃内容物或解黑便等症状。

五、腿部水肿

一般人即使在身体状况极佳的情形下也会因环境的关系而发生双足肿胀的现象，如乘坐飞机太久就会这样。如果在烈日下站立太久，腿部也可能肿胀。另外，一般性的过敏也会造成这种现象；静脉曲张或任何腿部或脚踝的外伤或扭伤当然也会造成腿部肿胀。除了上述这些明显的原因之外，还有一些病症也会造成腿、脚和脚踝长期肿胀的现象。

据统计，心力衰竭及腿部静脉炎是造成腿部慢性肿胀的两大主要原因。要分辨这两种病症并不困难。

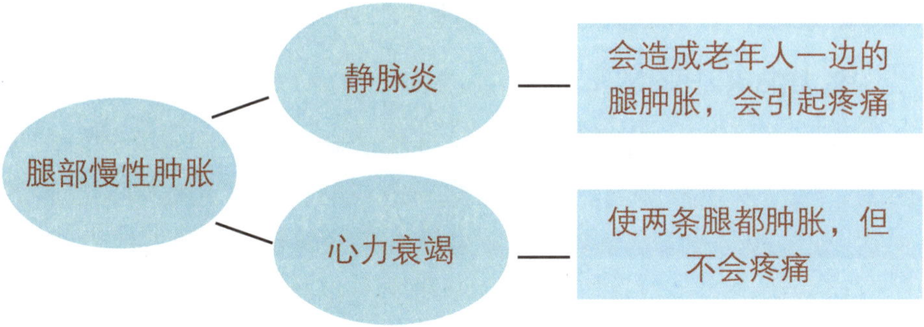

基本上造成腿部肿胀的各种疾病都有各自不同的发病机制及特征。

1．心力衰竭

心脏左心室的功用是负责将血液排出心脏，通过动脉流通到全身各个部位，这些血液被送到各个组织之后，释放出所携带的氧气，并收集组织所产生的二氧化碳及各种废料，然后再经由静脉流回右心室，右心室再将这些血液推入肺部内重新补充氧气。最后这些血液再流回左心室内，这就是整个循环的过程。

如果因为心脏疾病、长期拖延而未加治疗的高血压、病毒感染或心脏瓣膜病变等疾病而使心肌变得衰弱无力，这时心脏无法将血液顺利送入肺部。血液便开始倒流入静脉当中，结果就会回流入位于心脏下游的器官——肝脏里，使肝脏充血而肿胀起来。如果情形未见改善，最后血液甚至会回流腿部的静脉里而形成腿部肿胀。在某些部位，甚至还会因为血液内的液体成分渗入组织之中而使得组织本身肿大。假使左心室衰弱无力，则经由肺部支脉血管送来的新鲜血液便无法充分流入全身的循环支脉中从而送到各个组织，于是就回流进入肺部，这种“肺部充血现象”会引发老年人呼吸短促并有咳嗽的现象。通常心脏左右两个心室都会同时有衰弱的症状，所以心力衰竭的老年人都兼有腿部肿胀和呼吸短促两种症状。

2. 静脉炎

位于腿部表面或深处的一根或多根静脉因为发炎或受到血凝块阻塞，就会发生静脉炎。如果是发炎造成的就会引起疼痛、红肿的症状，而由静脉栓塞引起的，则会迫使血液倒流并渗入附近的组织中，此时血管壁内会因静脉炎现象而变得更具渗透力，因而更容易发生渗透现象。这与心力衰竭所导致的现象有所不同。心力衰竭会引起双腿同时肿胀，而静脉炎通常只会侵犯到一条腿。

3. 严重的肾脏疾病

患有严重肾脏疾病的人，全身各处都会有肿胀的现象，腿部、眼睑或手指等无一幸免。之所以会发生全身性肿胀，是因为从尿液里流失了太多的蛋白质所致。蛋白质由肝脏生成，流通在整个血液循环系统之中，功能正常的肾脏能防止蛋白质流入尿液中，但是一旦肾脏发生病变，蛋白质就会流入尿液中。另外，蛋白质不仅存在血液里，也分布在位于血管附近的组织当中，在正常的状态下，存在于这两个部分的蛋白质含量是保持一定平衡的。但是当蛋白质自尿液中大量流失的时候，为维持血管与组织内蛋白质的生理需求，血液里的液体就会从血管内扩散分布到附近的组织内，这些额外的体液便造成身体的肿胀。

4. 肝病

较严重的肝病（不是一般性肝炎），会因两种机制而引起腿部肿胀。一种是因为肝细胞受到破坏无法制造足够的蛋白质，所造成的结果就像肾脏病变致使蛋白质流失所引起的状况一样：为了平衡血管内和血管外围组织的蛋白质含量，血液里的液体会流入组织内而造成组织肿胀。另一种就是肝脏有瘢痕，使腿部流往心脏的血液无法通过肝脏，造成血液回流现象。另外，腹腔里肿大的腺体或肿瘤也可能会压迫到静脉，因而造成腿部的肿胀。

5. 饥饿

在饥荒中挨饿的孩童会出现肚子很大的现象。这种腹部肿胀现象是因为饮食中缺乏蛋白质，造成血液里的液体从血管中渗出，进入身体的组织中。当腹部肿胀时，也就是腹腔里有这类液体时，它和肾脏、肝脏发生病变时的情况如出一辙。

6. 甲状腺机能不足

严重的甲状腺机能不足也会引起全身性水肿，当然包括腿部。形成此种症状的原因和前述肾脏及肝脏发生病变时的情形一样，都是为了平衡蛋白质在血管及组织内的含量，使液体自血管流出，进入组织内而引起肿胀。

7. 经历过冠状动脉旁导管手术

近年来，另一种造成腿部肿胀的病症开始暴增——发生在经历过冠状动脉旁导管手术的老年人身上。手术从一边或两边的腿部取出细小的静脉作为新的导管，结合在已遭阻塞的冠状动脉旁边，而被用来替代导管的静脉在腿中被切断取出时，腿部就会肿胀起来。但这种肿胀现象并不是严重的病症，也不会造成老年人不适，而且等到余留在腿部的静脉逐渐适应血流量比例增加的情形后，肿胀的现象便会自然消失。

有几种老年人常用的药物也会引起腿部肿胀：类固醇（治疗关节

炎、气喘、癌症等）；降压药物，如甲基多巴；用来治疗心血管疾病的钙离子拮抗剂等。

包裹在心脏外围的心包膜可能因病毒或细菌感染，或施以心脏手术之后而发生病变，变得又厚又硬，像心脏穿上一层盔甲一样，这种情形会阻碍心肌正常收缩与放松，结果造成血液无法充分流回右心室而逆流进入静脉，造成颈部静脉及腹部肿大，最后则是造成腿部肿胀。

下面为老年人及照护人员再提供几个判断病因的原则。

如果肿大的现象只发生在一条腿或一只脚上，那就不是由引起全身性身体障碍的病变所导致，如血液内缺乏蛋白质、心力衰竭或肝脏、肾脏方面的疾病。

心力衰竭通常只会引起双腿肿胀，而眼睛、脸部和手指都不会肿大。

如果腹部和腿部都肿胀，则问题发生在肝脏的概率远大于心脏，尤其腹部比腿部先肿胀时，更能断定原因的确如此。

另外，再介绍几种自我检查的方法。

以大拇指用力压腿部肿胀的位置，过几秒钟后放开，如果在受压处会造成凹陷，而且凹陷持续一两分钟之后才能复原，这就是所谓的“凹陷”症状。甲状腺机能不足所造成的肿胀不会出现这种症状，大多数原因所造成的肿胀也都不会有“凹陷”症状。

男性若有腿部肿胀、黄疸、乳房胀大、刮胡子的次数减少、手心发红且呼吸短促等症状发生时，应考虑是否患有肝病。

如果脸部和腿部同时都有肿胀的现象，那可能不是心脏或肝脏方面的疾病所引起的。这时要想到其他的可能原因，包括：甲状腺功能不足、某些导致全身性不适的过敏反应、心包病变且压迫到心脏、吃了被旋毛虫感染却又烹饪不当的肉而引起的旋毛虫感染疾病，或肾脏方面的疾病。

如果肿胀的腿部有棕色的色素沉淀现象，尤其是沉淀的位置在脚踝周围时，则这种肿胀情形通常是慢性静脉曲张所造成的某种长期性疾病所引起的。棕色的色素沉淀是因为血液经过血管壁进入附近的组织里形成的。

如果肿胀的部位疼痛、泛红发热，那么可能是腿部受到外伤或被感染了，也可能是急性静脉炎。单纯的心力衰竭或肝脏、肾脏的疾病并不会造成肿胀部位的疼痛。

如果双腿都发生肿胀而且有呼吸短促的症状，可能是心力衰竭导致的。

如果一天 24 小时都有肿胀感，那么最有可能的原因是蛋白质失衡或静脉方面的问题；而如果睡觉的时候才肿胀得比较厉害，有可能是心力衰竭所造成的症状。

如果肿胀发生得很突然，则可能是因为血凝块阻塞、血管栓塞或静脉受到感染所引起，不太可能是蛋白质问题所引起。

如果腹部比腿部先肿胀，病因可能是肝脏或变厚的心包。如果是腿部先肿，然后才有腹部积水的现象，那么问题有可能出在肾脏或心脏上。

不论造成腿部肿胀的原因是什么，千万不可以随便乱服药物以缓解腿部肿胀的症状。只有经过医生做出专业诊断之后并进行适当的治疗才能真正将症状消除。

六、虚弱或昏倒

血压突然下降或者流入脑部的血液突然减少时，都会出现昏倒。同时，服用某些药物也会出现相同症状，诸如镇静剂、心脏病用药、降压药等都会出现昏倒的可能，尤其是老年人发生这种状况的概率更大。当老年人一旦感到心脏不适时，只要将硝酸甘油片含于舌下，在 1 分钟内就会缓解症状。其主要药理作用是舒张血管，包括心脏的冠状动脉，血管舒张后，血流量增加，从而降低血液对血管壁的压力。但由于血压降低，结果会引起昏倒。如果老年人当时是站着的，血压下降过多，就比较容易出现昏倒的症状。这种状况与血管迷走神经性昏倒非常相似，如果让老年人躺下，恢复正常的血压后，老年人会自行苏醒。为了保险起见，最好去医院急诊，通过心电监测确定病情。所以，患有心绞痛服用硝酸甘油时，最好先坐下来或让身体有所倚靠。

如果心率突然减缓，也会使人失去意识。这种心率的突然减缓是指心率下降到每分钟 30 次以下，而不是心率在每分钟 45 ~ 50 次。在合并用药时，可能也会出现这种情况，如 β 受体阻滞剂心得安和洋地黄类药物一起服用。另外，心脏传导阻滞也会引起同样的症状。不论是什么原因，只要心率过低，心脏就无法输入足够的血液进入脑部，而造成脑部缺血，失去意识。

相反，如果心率过快也会使人昏倒。心率过快是指静止时心率达到每分钟 200 次以上。心脏跳动过快，没有足够的时间使心脏恢复正常的收缩舒张状态，无法完成正常的血液供给，从而使老年人失去意识。

七、尿失禁

男性除了有尿失禁外，还伴有以下症状时，就有可能确认导致尿失禁的原因是前列腺肥大。这些症状包括以下几个方面。

排尿困难，尿量少，排尿时有分叉的情况。

晚上尿频。

排尿时间长，有尿不尽感。

开始排尿时，必须用力才能排出，自认为排完后，仍会有尿液滴出。

如果有以上这些症状，最好尽快找泌尿科医生诊治。如果耽误病情，可能会因此伤及肾脏，严重者可能会有无法正常排尿而出现尿闭的情况。在这种紧急情况下，必须立即导尿。

怎样根据尿失禁的具体症状判断自己的身体状况呢？

有尿失禁的症状，且伴有排尿时有热的感觉，或者尿液有异味，且不随着饮食的改变而改变，那么有可能是泌尿系统感染导致的。尿失禁伴有下腹部疼痛或不适时，可能是膀胱炎。

尿失禁伴有肛门疼痛，那么可能是前列腺炎。

腰骶部疼痛，伴有坐骨神经痛，疼痛从臀部传到腿部，经放射检查后，发现有椎间盘突出压迫神经的现象。如果早上醒来发现尿床了，那就表示椎间盘突出已经压迫到连接膀胱的神经了。

如果在骨盆部位实施手术后，继续用放射疗法在子宫、卵巢或前列腺部位进行治疗，而且在几个星期甚至几个月后开始出现尿失禁的情况，则表示放射线已经伤害到控制排尿的神经了。

一些神经或肌肉的病变也会引起尿失禁的症状，如糖尿病、多发性硬化症或脑部病变等。只有找出真正的病因才会知道症状会持续多久才能消失，或者应该采取什么治疗手段。一般来说，尿失禁并不是一种急症。

八、视力障碍

年龄在 60 ~ 70 岁的人，如果眼睛出现了持续几分钟甚至几个小时的复视症状时，可能的病因不是一过性脑缺血，就是脑部血管出现了栓塞。尤其是有高血压的老年人发生这种症状的概率很大，必须去医院检查。

以下则是其他必须重视的情况。

年龄在 50 岁以上的人，如果连续几天出现浑身的肌肉酸痛僵硬，而且有轻微的发热、食欲减退、乏力，且突然有一只眼睛看不见了，那么几乎可以确诊是颞动脉炎。一定要尽快寻求医生诊治，否则可能会导致失明。

年龄 60 岁以上的老年人原本就有青光眼、糖尿病或高血压等病症，如果发现自己某一只眼睛逐渐丧失视力，那么可能是中央视网膜血管阻塞导致。这也是一个急症，必须及早就医。

如果 60 岁以上的老年人逐渐丧失了中心视力，并且看旁边物体时的视力最好，那么有可能是黄斑变性，这是老化的自然现象。

4

第四章
各类疾病照护

第一节 呼吸系统疾病照护

一、感冒

感冒是常见的呼吸道疾病，常在家庭内传播。病原体主要为鼻病毒，其次为冠状病毒、呼吸道合孢病毒等。一年四季均有发病，以秋、冬、春季发病较多。

1. 症状

潜伏期 1 ~ 3 天，起病急，早期症状为咽部不适、有毛糙感、干燥或咽痛，流清鼻涕，打喷嚏，咳嗽，头痛，肢体酸痛。可伴有不同程度的发热、乏力、食欲不振、腹胀、便秘等。2 ~ 3 天后鼻涕变为脓性，如病变侵及喉头，可有声音嘶哑，病程 3 ~ 7 天，也可持续数周。如感染向下延伸可引起气管炎、支气管炎。如并发细菌感染则症状加重，可并发副鼻窦炎、中耳炎等。

2. 照护

发热或病情较重者，应卧床休息，多饮水，进食易于消化富营养的饮食，保持适宜的室内温度与湿度。

选择容易消化的流质饮食如菜汤、稀粥、蛋汤，多食含维生素 C、维生素 E 的食物，如西红柿、苹果、葡萄、枣、草莓、甜菜、橘子、西瓜及牛奶、鸡蛋等。

二、流行性感冒

流行性感冒（简称流感）为呼吸道急性传染病，病原体主要为流感病毒甲、乙、丙三种。甲型多引起大流行，乙型引起局部小流行及散发，丙型常为散发。其流行特点为急性起病，迅速蔓延，多发生于冬季。

1. 症状

（1）单纯型流感

常突然起病，畏寒高热，体温可达 39℃ ~ 40℃，多伴头痛、全身肌肉关节酸痛、极度乏力、食欲减退等全身症状，常有咽喉痛、干咳，可有鼻塞、流涕、胸骨后不适等。颜面潮红，眼结膜外眦轻度充血。如无并发症呈自限性过程，多于发病 3 ~ 4 天后体温逐渐恢复正常，全身症状好转，但咳嗽、体力恢复常需 1 ~ 2 周。轻症流感与普通感冒相似，症状轻，2 ~ 3 天可恢复。

（2）肺炎型流感

实质上就是并发了流感病毒性肺炎，多见于老年人、儿童、原有心肺疾患的人群。主要表现为高热持续不退，剧烈咳嗽、咳血痰或脓性痰、呼吸急促、发绀，肺部可闻及湿啰音。胸片提示两肺有散在的絮状阴影。痰培养无致病细菌生长，可分离出流感病毒。可因呼吸循环衰竭而死亡。

（3）中毒型流感

表现为高热、休克、呼吸衰竭、中枢神经系统损害及弥漫性血管内凝血（DIC）等严重症状，病死率高。

（4）胃肠型流感

除发热外，以呕吐、腹痛、腹泻为显著特点，儿童多于成人。一般 2 ~ 3 天即可恢复。

2. 照护

宜清淡饮食，进食易消化富含维生素的食物。同时应注意多饮水，以白开水为主。

少吃咸食：食用咸食后易使致病部位黏膜收缩，加重鼻塞、咽喉不适等症状。

禁食甜、腻食物：甜味能助湿，而油腻食物不易消化，故患感冒的老年人应忌食各类糖果、饮料、肥肉等。

禁食辛热食物：辛热食物易伤气灼津，助火生痰，使痰不易咳出，故感冒患者不宜食用。

不宜吃烧烤煎炸的食物：此类食物气味刺激呼吸道及消化道，易导致黏膜收缩，使病情加重，而且也不易消化。

同时还应忌烟酒。

三、支气管炎

支气管炎为呼吸系统常见病，分为急性、慢性两种类型。

1. 急性支气管炎

（1）症状

起病之初，先有感冒症状，如打喷嚏、鼻塞、流鼻涕、咽痛、声音嘶哑、轻度畏寒、发热、头痛、全身酸痛等。主要症状为咳嗽，开始为轻度刺激性干咳，2 ~ 3天后痰量逐渐增加，初有少量黏液痰，后转为黄绿色黏液脓性痰，也可出现血性痰。早晚间变换体位，或体力活动后，或吸入冷空气后均可出现阵发性咳嗽，重者可终日咳嗽。咳嗽剧烈时可伴有恶心、呕吐，可伴发支气管痉挛而出现哮鸣及气急。全身症状 3 ~ 5 天可消退，咳嗽常持续数周。年老体弱者可并发支气管肺炎、急性支气管炎，经久不愈，可发展为慢性支气管炎。

（2）照护

减少活动量，休息至体温正常。保持室内空气的新鲜。保持口腔清洁。平时应加强耐寒锻炼，增强体质，避免过度劳累、受寒，预防感冒。应给予易消化且营养丰富的饮食，发热期间进食流质或半流质清淡饮食为宜。

2. 慢性支气管炎

慢性支气管炎为气管、支气管黏膜及其周围组织的慢性炎症，并伴有气道阻塞。后期可发展为慢性阻塞性肺气肿及慢性肺源性心脏病。本病常见于老年人。

（1）症状

咳嗽：早期仅在咳痰、吸入冷空气或吸烟时咳嗽，后期炎症加重，咳嗽时间延长。遇感冒时可出现急性加重，天气转暖时症状可消失。日久则可长年咳嗽，冬季加重。清晨及夜间咳嗽多，长期反复发作与缓解相交替。

咳痰：一般为无色黏液痰，较稀薄，易于咳出，合并感染时痰变为黏液脓性，量也增多，每天可咳出数十毫升至一二百毫升或更多，晨起及运动后量较多，偶尔带血。

呼吸困难：单纯型慢性支气管炎一般无呼吸困难。喘息型慢性支气管炎由于支气管平滑肌痉挛，则有呼吸困难、喘鸣音。合并阻塞性肺气肿的则在活动后会出现呼吸困难的症状。

（2）照护

平时要预防感冒，锻炼身体，提高身体抵抗力。避免致病因素如抽烟等，避免有害及刺激性气体、注意保暖等。有慢性病灶，如鼻炎、鼻窦炎、咽炎等要予以治疗。

四、支气管哮喘

1. 症状

前驱期多有胸闷、呼吸不畅、鼻痒、干咳等症状。有的老年人没有前驱期，很快进入发作期。多于夜间发作，出现呼吸困难和哮鸣、端坐呼吸、吸气短、呼气长等症状，严重者可有大汗淋漓等症状。发作可持续几分钟、几小时或数日不等，发作持续 24 小时仍不缓解者称为哮喘持续状态。发作过后转入缓解期。发作终止前常有咳嗽，咳出黏液痰，甚至咳出黏液栓。

2. 照护

避免摄入易过敏的食物，避免接触宠物，避免接触刺激性气味，避免强烈的神经刺激和剧烈运动。外出时注意保暖，避免冷空气刺激，预防呼吸道感染。哮喘非急性发作期应根据情况适当进行体育锻炼，提高免疫力，增强体质。

宜吃清淡、易消化、高热量饮食，避免进食鱼、虾、蟹等易过敏的食物。

五、肺炎

1. 症状

典型症状为突然寒战、高热，伴有头痛、全身肌肉酸软、食欲不振。早期为刺激性干咳，继而咳出白色黏液痰或带血丝痰，1 ~ 2 天后，可咳出黏液血性痰、脓性痰，消散期痰量增多，痰黄而稀薄。常有剧烈胸痛，呈针刺样，随咳嗽或深呼吸加重，可向肩或腹部放射。下叶肺炎可刺激隔胸膜引起腹痛，可被误诊为急腹症。因肺实变致通气不足、动脉血氧饱和度降低而出现发绀、胸痛、呼吸困难。

2. 照护

可以做一些肺部锻炼，如多做深呼吸，适当锻炼，增强身体免疲力，避免劳累。宜多吃清热生津的瓜果，如梨、西瓜、黄瓜、冬瓜、荸荠等。如发高热、食欲不振可吃半流质饮食，如大米粥，副食可吃肉糜、蒸鱼等，每 2 ~ 3 小时吃 1 餐，每日 6 餐。也可吃流质如牛奶、豆浆、米汤、鸡汤等。宜吃高营养且容易消化的饮食。主食可吃米饭、面条、馒头、面包等，副食可吃肉、鱼、蛋、家禽和豆制品。忌烟酒、辛辣刺激性食物。

照护小贴士

肺炎的预防：

避免感冒。对长期卧床的老年人必须定时翻身拍背，预防坠积性肺炎。遇有疮疖、皮肤感染等时避免挤压，以预防血行播散性肺炎。免疫功能低下者，可适当使用免疫增强剂，如疫苗、菌苗、中药等。

第二节　心血管系统及血液系统疾病照护

一、冠心病的照护

1. 合理膳食

摄入的热量不要太高，以维持正常体重为好，超过正常标准体重者应减少进食的总热量。提倡饮食清淡，多食蔬菜瓜果等富含维生素 C 的食品及植物蛋白，如豆类及其制品。老年人即使血脂不高，也应少食含动物脂肪过多的食物，如肥肉、猪油、骨髓、奶油及其制品，少食含胆固醇较高的食物，如肝、肾、脑、鱿鱼、墨斗鱼、牡蛎、蛋黄、蟹黄等，而应食用低动物脂肪、低胆固醇的食物。严禁暴饮暴食。

2. 适当参加一些体力劳动及体育活动

一定量的锻炼能扩张冠状动脉，促进侧支循环的形成，改善心功能，还可以降低血压、血脂，起到促进康复、防止冠心病进一步发展的作用。锻炼前应查明病情，在医生的同意及指导下进行，并根据个人情况选择合适的运动项目。掌握好运动量，宁可少一点，不可过量。原则上以不过多增加心脏负担、不引起不适感为度。老年人开始锻炼时，可以先选择散步的方式。每天散步，每次 20 ~ 30 分钟。避免在饭后 2 小时内进行锻炼。在运动中如心脏早跳增多，或心慌、气短、心绞痛发作等时，应停止锻炼，并在下一次锻炼时减少运动量。

3. 合理地安排工作与生活

避免过劳或情绪激动，切忌大喜、大悲、大怒。要保持乐观愉快的情绪，注意劳逸结合，生活要有规律，保证睡眠充足。

4. 消除致病因素

提倡不吸烟、不饮烈性酒，不大量饮酒。积极治疗不利于本病的其他疾病，如糖尿病、高脂血症、高血压等。

照护小课堂

心源性晕厥的应对措施：

1. 立即将老年人面部朝上放平，松开衣领和过紧的衣服。若意识未立即恢复，应将老年人头向后仰，托起下颌，防舌后坠阻塞呼吸道。

2. 测量老年人脉搏、血压，有条件给予吸氧。若发现心脏完全停跳，耳朵贴在老年人胸前听不清心音，大动脉如颈动脉、股动脉的搏动消失，应在胸部叩击。握空拳叩胸骨中央处 2 ~ 3 次，然后再听有无心音。

3. 待老年人清醒后，需平卧 30 分钟以上。心源性晕厥是个不良征兆，应及时到医院就诊继续治疗。

二、心绞痛

1. 症状

患病老年人多数可出现胸骨后紧缩压迫感、憋气、闷痛等症状。少数老年人可出现压榨性痛或针刺样痛。疼痛部位相当广泛，可在胸部正中或左侧持续几分钟甚至30分钟，可放射至肩、臂、背部。有些老年人心绞痛可在休息时发作，甚至可在入睡中做噩梦时发作。

2. 照护

（1）在家中或其他情况下，当心绞痛发作时，千万不要惊慌失措。老年人应立即休息，停止活动，并用硝酸甘油或心痛定舌下含化，用药后1～2分钟即可缓解。凡已明确诊断为冠心病者，应随身携带急救药品盒，且要掌握急救时用药量及方法。对基础血压低的老年人，因硝酸甘油片有扩张血管及降压作用，用药量不要过大或选用其他药物，防止血压降低，影响心肌供血。

（2）如家中备有氧气枕、氧立得，可为老年人吸氧。

（3）如用药后仍不能中止疼痛，时间较长时，应怀疑为心肌梗死，应住院治疗。

（4）初次发作心绞痛后，应经全面体检，适当休息并进行治疗，不可大意，以免错过早期治疗良机。

（5）避免诱发因素，如剧烈活动、负重、精神紧张、激动等。

三、心律失常

1. 症状

冠心病者表现为心绞痛、气短、周围血管衰竭、急性心衰、急性心梗等。脑血管病者表现为头晕、乏力、视物模糊、暂时性全盲，甚至有失语、瘫痪、抽搐、昏迷等一过性或永久性脑损害表现。肾血流量减少，表现为少尿、蛋白尿、氮质血症等。快速心律失常时，可有胃肠道缺血的表现，如腹胀、腹痛、腹泻，甚至出血、溃疡或麻痹。

2. 照护

以易消化、清淡、营养丰富、低盐低脂、富含高蛋白和多种维生素为原则，忌浓茶、咖啡、香烟、烈酒，忌食煎炸、过咸、过甜、过黏食品，水肿者应限制饮水量。

四、高血压

1. 症状

轻度高血压常无明显症状，只有对血压进行准确测量，才能了解是否存在高血压。部分患病老年人会出现头痛，高血压引起的头痛常发生在凌晨，白天减轻。也有的类似偏头痛，也可有头胀、心慌、胸部沉重感、心跳快、气促、耳鸣、眼花、健忘、注意力不集中、失眠、烦闷、乏力、四肢麻木等症状。如血压长期持续增高，还有可能并发心、脑、肾的损伤。

2. 照护

（1）合理作息

生活、工作、睡眠要有规律，避免过度劳累和精神刺激，注意劳逸结合，保证充足睡眠，保持轻松愉快的生活气氛，避免情绪过分激动。

（2）量力而行

一般轻度高血压可照常工作、学习，根据自己体力、病情决定活动量，但要避免过度劳累。尤其当血压较高，并有心、脑、肾等脏器损害时应适当休息，切忌突然用力、负重或勉强从事重体力劳动，以免血压突然升高而发生意外。

（3）调整饮食

高血压老年人饮食应低盐、低脂肪、低热量，多吃蔬菜、水果等富含维生素的食物，尽量少吃胆固醇含量较高的食品，盐摄入量以每日 5 ~ 8 克为宜。

（4）注意防寒保暖

寒冷刺激使皮肤毛细血管收缩，易使血压升高，因此高血压老年人在冬季要注意保暖，即使在夏季也不要冲冷水澡，宜用温水或稍高于体温的水，睡前最好用温水洗脚，有利于睡眠、降压。

（5）戒烟、酒、咖啡等

烟的成分复杂，对人体有害的成分达 30 余种，可致多种疾病，并能引起血管痉挛使血压升高。饮酒要适量，忌饮烈性白酒。咖啡有提神醒脑的功效，但咖啡因可使血脂增高，增加心血管病发病概率。茶叶有降低胆固醇的作用，但浓茶易导致便秘；茶有利尿的功效，睡前饮茶会影响睡眠。高血压老年人宜饮用清淡绿茶。

（6）忌大便秘结

大便干燥时，因排便困难而用力往往可使血压突然升高。因此长期便秘的患有高血压的老年人，应积极查找病因，采取治疗措施。

（7）适当运动，防止肥胖

肥胖老年人若已有高血压，应适当锻炼身体。要选择适合自己的活动方式，或按医生提供的运动处方，坚持有规律的锻炼。运动对高血压有明显的降压作用，但忌剧烈运动，尤其高龄老年人，运动中要注意安全。肥胖老年人要注意减轻体重，对控制血压很有益处。

（8）变换体位要缓慢

老年人的心脏储备能力差，高血压病对心脏功能有不同程度的影响，脑血管血流量调节功能减退，突然变换体位时，比如由卧位变坐位，或久蹲突然站立，会因大脑供血不足而发生晕厥，导致摔倒。故患高血压的老年人动作应缓慢，可分节进行。

五、心力衰竭

心力衰竭主要指心脏和心外病变引起心脏负荷过重，使心肌收缩无力，心排血量减少而引起的循环障碍。多见于心脏本身病变，如高血压性心脏病、风湿性心脏病、冠状动脉硬化性心脏病及肺源性心脏病，各种严重感染如肺部感染，严重的贫血，输液速度过快、量过多，严重的心律失常等。心力衰竭是心脏的急重症，常可造成老年人死亡。

1. 症状

按心脏病变和受累的不同，分为左心衰竭、右心衰竭、全心衰竭。

（1）左心衰竭

肺部瘀血，劳累后呈急性发作，表现为心慌、气急、呼吸困难，平卧时和夜间睡眠时症状加重。严重时，休息状态也感气急咳嗽，痰中带血，或咳大量粉红色泡沫样痰。老年人有严重的呼吸困难，有窒息样感觉，必须及时抢救。

（2）右心衰竭

下肢水肿，肝大，食欲不振，有时恶心呕吐，颈部静脉明显怒张，严重时出现胸水、腹水、心源性肝大、黄疸。

（3）全心衰竭

开始以一侧心衰即左侧为主，后逐渐发展影响至右心，故有左、右心衰的表现。按心衰的程度分为轻、中、重度。

轻度：在劳动时可无明显症状。

中度：较轻的体力劳动就出现心悸、乏力、呼吸困难，可出现下肢水肿、肝大，休息后能减轻，但不能完全消失。

重度：在休息状态下仍有明显的心慌、气短、肝大、水肿、颈部静脉怒张。肺部有啰音，心脏明显扩大。

2. 照护

适当限制老年人参加体力劳动，减少机体的耗氧量，使心脏得到调整。积极治疗原发病，控制病情继续发展，减轻心脏的负担，保持情绪稳定，积极预防呼吸道感染，保证老年人足够的睡眠。防治得当，可使轻度心衰得到纠正。

照护小课堂

——心力衰竭的照护方法

急性期的照护

重度心力衰竭的老年人应绝对卧床休息4～6天，减少心肌耗氧，避免增加心脏负担，可使心率减慢。逐渐增加活动量，呼吸困难时使老年人取坐位或半坐位，减轻呼吸困难

急性期的照护

进低盐饮食，有水肿时适当限制饮水量。钠盐摄入过多会引起水在体内潴留，并能使小动脉收缩，血压升高，加重心脏负担

记录老年人出入水量，观察老年人水肿的消长、尿量变化、体重变化。浮肿的老年人不仅要注意下肢及面部，如果老年人卧床的话还要注意其腰骶部、会阴部，同时要注意做好皮肤护理，防止发生褥疮

配合医生有效治疗，消除老年人的恐惧感，使老年人尽快安静，给老年人吸氧，可应用强心剂、利尿剂如洋地黄、速尿。观察老年人治疗效果，如脉搏是否减慢、呼吸困难是否减轻、肺部哕音是否减少、情绪是否稳定、尿量是否增加、咳痰是否减少、水肿是否减轻、身体是否可以平卧等。由于治疗心力衰竭的洋地黄类药物，主要是加强心肌收缩力和减慢心率，其治疗剂量和中毒剂量较近，用药量存在明显的个体差异，不能按常规使用，必须在医生的具体指导下选择用药的剂量、用药次数。如经利尿药治疗后尿量过多，可预防性补充含钾盐丰富的水果，如柑橘类，或口服钾盐

预防感染，由于肺部瘀血增加了肺部感染机会，可按医嘱酌情用药。注意保暖，防受凉

恢复期的照护

生活规律化。生活突变往往增加老年人的心理应激反应，尤其要避免老年人情绪激动，增加心脏负担

饮食宜清淡，不宜过咸。老年人味觉差，进食少，在限盐时应注意调整。进食要有规律，避免暴饮暴食

适当限制活动范围。对反复出现心力衰竭的老年人，要尽力避免一切增加心脏负担的活动

由于心脏功能已丧失代偿能力，需服用一定维持量的强心剂，老年人记忆力差，要防止错服、漏服。注意观察药物副作用，及时与医生联系，不可自行停改药物

保持大便通畅，预防便秘

预防呼吸道感染，避免着凉，及时治疗感冒，控制感染

夜间注意观察病情。当夜间平卧时发生气急，不能平卧，甚至发生心源性哮喘时，应及时治疗

第三节　消化系统及腹部疾病照护

一、胃炎

1. 急性胃炎

症状可见上腹痛、恶心呕吐，食欲差。症状不是很严重的情况下，经1～2天即可恢复。由药物引起的常伴有少量出血，有柏油样便，大量出血伴有呕鲜血甚至休克。有大量出血时应送医院治疗，酌情查胃镜。

2. 慢性胃炎

（1）症状

大多数病人常无症状或有程度不同的消化不良症状，如上腹隐痛、食欲减退、餐后饱胀、反酸等。慢性萎缩性胃炎患者可有贫血、消瘦、舌炎、腹泻等症状。

（2）照护

饮食宜按时定量、营养丰富，多吃富含维生素A、维生素 B、维生素 C 的食物。忌服浓茶、浓咖啡等有刺激性的饮料。

二、脂肪肝

1. 症状

脂肪肝的临床表现多样，轻度脂肪肝多无临床症状，患者多于体检时偶然发现。疲乏感是脂肪肝患者最常见的自觉症状。中、重度脂肪肝有类似慢性肝炎的表现，可有食欲不振、疲倦乏力、恶心、呕吐、肝区或右上腹隐痛等。

2. 照护

每日三餐膳食要调配合理，做到粗细搭配营养平衡，宜食高蛋白、低脂肪、高维生素、低糖食品等，足量的蛋白质能清除肝内脂肪。禁酒戒烟，少吃过于油腻的食物，控制脂肪的摄入量，尤其要避免动物性脂肪的摄入。每天坚持体育锻炼，可视自己体质选择适宜的运动项目，如健步走和打乒乓球、羽毛球等运动。要从小运动量开始循序渐进逐步达到适当的运动量，以加强体内脂肪的消耗。任何药物进入体内都要经过肝脏解毒，在选用药物时更要慎重，谨防药物的毒副作用，特别是对肝脏有损害的药物绝对不能用，避免进一步加重肝脏的损害。不暴怒，少气恼，注意劳逸结合等也是相当重要的。

照护小贴士

脂肪肝病因：

1. 营养不良，食物中缺乏蛋白质，或多食高脂肪、高胆固醇、高糖饮食；

2. 多见于糖尿病，皮质醇增多症，甲状腺功能亢进，长期服用糖皮质激素等代谢内分泌疾病；

3. 长期饮酒致慢性酒精中毒，某些药物中毒如四环素等；

4. 见于慢性肝炎、溃疡病等患者，由于摄入过多、体力活动减少而导致的脂肪蓄积。

三、病毒性肝炎

1. 症状

甲型肝炎和乙型肝炎的潜伏期分别为 2 ~ 6 周和 6 周至 6 个月，按临床表现分为以下几种。

（1）急性肝炎

常有发热，食欲差，恶心呕吐，肝区胀痛，腹胀乏力，尿色深黄症状。化验血清谷丙转氨酶、谷草转氨酶、谷氨酰转肽酶均增高，血清胆红素增高。部分无黄疸型急性肝炎的肝功能损伤轻，但易迁延为慢性。

（2）重症肝炎

恶心呕吐，厌食乏力均明显，黄疸重，常伴有意识障碍等神经症状及出血倾向。化验显示肝功能损伤严重。超声波检查显示肝缩小，有的出现腹水、消化道出血、脑水肿及急性肾衰。

（3）慢性迁延性肝炎

急性肝炎病程超过半年，仍有乏力、食欲差、腹胀、肝区痛，化验转氨酶反复波动。

（4）慢性活动性肝炎

急性肝炎症状体征持续一年以上，并伴有肝外多脏器损伤，如关节炎、胸膜炎、结肠炎、心肌炎及肾炎等。皮肤灰暗，肝大，黄疸，手掌异常发红，颈、肩、背等处的皮肤上聚集细小的血管，其中心部位有很小的斑点，称为蜘蛛痣。化验血清转氨酶活力持续增高，血清胆红素增高，白蛋白低，球蛋白增高。

2. 照护

注意观察老年人患者有无神志、行为、性格改变等肝昏迷前驱症状，若出现异常及时就医。慢性肝炎病人应注意若牙龈出血，应做好口腔清洁，可使用软毛牙刷；鼻衄时可用无菌棉球或肾上腺素棉球填塞。肝功能好转时，可逐步开始活动，以不疲劳为原则。慢性期或迁延不愈者，可根据病情卧床休息或适当活动。保证充足睡眠，保持居室空气清新，通风良好。照护人员做好心理疏导，消除思想负担，树立战胜疾病的信心。肝炎活动期需进行隔离。

多吃清淡可口的食物和新鲜蔬菜水果，忌辛辣刺激食物、高脂食物、加工食品，忌生冷饮食。戒酒，酒精可以使肝细胞的正常酶系统受到干扰破坏，直接损害肝细胞，使肝细胞坏死，所以病毒性肝炎患者需戒酒。忌高铜饮食，肝功能不全时不能很好地调节体内铜的平衡，而铜易于在肝脏内积聚。

照护小贴士

病毒性肝炎的预防：

注意饮食卫生，家中有传染性肝炎老年人应实行分餐制，碗筷专用，定期消毒。

四、胆囊炎

1. 急性胆囊炎

（1）症状

急性起病，持续性右上腹部剧痛，常放射到右肩，伴寒战高热，体温 39℃以上，食欲差，恶心呕吐，少数有黄疸。

（2）照护

术后保持伤口清洁干净。食低脂、低胆固醇，含优质蛋白及维生素的饮食。起居要有规律，劳逸结合，不过度劳累；保持心情舒畅，避免情绪激动。按医嘱使用利胆药，如出现腹痛、黄疸、消化不良等情况，要立即就医，以免延误病情。按医嘱定期复查。胆囊炎在急性发作期，忌食油炸、煎的食物，忌食蛋类、肉汤及饮酒；进食应限于低脂肪、低蛋白、少量易消化的流质或半流质，随着病症的消退可逐渐加入少量脂肪及蛋白食物，如瘦肉、鱼、蛋、奶、水果及新鲜蔬菜等。

2．慢性胆囊炎

（1）症状

持续性右上腹钝痛或不适感；有恶心、嗳气、反酸、腹胀和胃部灼热等消化不良症状；右下肩胛区疼痛；进食高脂或油腻食物后症状加重；病程长，病情经过有急性发作和缓解相交替的特点，急性发作时与急性胆囊炎症状相同，缓解期有时可无任何症状。

（2）照护

注意休息，避免受凉。出现腹痛、腹胀、发热等不适时要及时就诊。

需严格控制脂肪摄入量，摄入适量蛋白质。忌食用刺激性食物和强烈调味品及产气食物。宜采用煮、卤、蒸、汆、烩、炖、焖等烹调方法，宜进温热的食物。保证新鲜蔬菜、水果的供给，少食多餐，忌油炸、煎类食品。

第四节 神经系统疾病照护

一、脑出血

1. 症状

症状可见突发性头痛、呕吐、偏瘫、失语、神志不清、小便失禁。严重者出现深昏迷，呼吸不规律，瞳孔不等大。脑干出血，出现高热、瞳孔小、深度昏迷、四肢瘫痪等症状。小脑出血，有眩晕、眼颤、频繁呕吐、四肢肌张力低等症状。

2. 照护

在家中发病时，如出现上述症状，有医疗条件者应尽量就地抢救，待病情稍稳定，送医院急诊治疗。确定因为条件所限必须即刻转送急救时，应电话呼叫急救中心（站）出诊或选送较近医院就近治疗。转送途中尽量避免震动，卧位要垫得厚软，头位要专人保护，减少行车震动、颠簸，以免引起继发再出血。

二、老年性痴呆

1. 症状

起病缓慢，进行性痴呆，表现为近期记忆力丧失；定向力、判断力、计算力障碍；智能明显减退；可伴有幻觉及妄想等精神症状以及癫痫发作，发作性无意识动作。

2. 照护

注意饮食和营养，保持日常饮食卫生习惯，注意预防感染和并发症。最好有专人看护，并在老年人身上放几张名片，以防走丢。面对老年人无理取闹的要求时，不应一味训斥，而要对老年人进行抚慰，巧妙化解老年人的需求。

第五节
内分泌及代谢性疾病和免疫性疾病照护

一、糖尿病

1. 症状

发病缓慢，开始症状不明显，突出表现在“三多一少”，即多饮、多食、多尿、体重下降。但大都表现不典型，有时伴有皮肤瘙痒、阳痿、女性月经失调等症状。

2. 照护

控制总热量，特别是淀粉类、肉类、脂肪类等热量、糖分较高食品的综合控制。少量多餐。多吃一些芹菜、菠菜、西兰花等高纤维饮食。饮食要清淡，即低脂少油、不甜不咸。

照护小课堂

——老年糖尿病人防止并发症的照护

由于老年糖尿病人有糖、蛋白质、脂肪的代谢障碍，而且老年人的抵抗力降低，有利于某些细菌生长，容易发生各种感染，如化脓性皮肤疖肿、肺部感染、尿路感染、胆道感染、霉菌感染、体癣、手癣、外阴瘙痒等。要采取预防措施，注意个人卫生。要经常洗澡，保持皮肤清洁，定时更换衣服，防止皮肤抓破及各种外伤。预防褥疮及其他皮肤继发感染，早诊断、早治疗，及早控制感染。

糖尿病也容易并发冠心病、脑血管意外，其中以脑梗死多见。

周围血管病 → 多为糖尿病足，表现为足背动脉搏动消失，末端温度低，足冷，间歇性跛行或夜间休息时脚痛，缺血严重时呈刀割样痛，抬腿后患肢端皮肤苍白，发绀，一旦感染，极易缺血坏死，要及时治疗

酮症酸中毒 → 糖尿病的严重急性并发症，多因感染、各种应激如精神创伤和饥饿疲劳、糖尿病未控制或停药引起

糖尿病合并肾病 → 表现有蛋白尿、氮质血症、肾性水肿和高血压。出现肾功能衰竭时，需采取人工肾透析治疗

合并眼底病糖尿病 → 严重时可影响视力甚至失明

并发神经病变糖尿病 → 主要表现为神经末梢炎、面神经炎、股外皮神经炎及不易被注意的植物神经功能障碍，如老年糖尿病人易发生腹泻、便秘、心悸、阳痿、汗分泌异常

糖尿病的并发症多，且较严重，有的严重威胁老年人生命，降低老年人的生活质量。最好的防范措施就是认真控制血糖，运用好三大治疗法宝：饮食控制、运动疗法、药物治疗。老年人和照护人员要充分认识治疗的重要性，坚持预防为主的观点，提高自我防病意识，定期全面体检。要以科学的态度，积极采取治疗措施，真正做到有病早治，无病早防。

二、痛风

1. 症状

多数患者发作前无明显征兆，或仅有疲乏、全身不适和关节刺痛等。典型发作常于深夜因关节痛而惊醒，疼痛进行性加剧，在12小时左右达到高峰，呈撕裂样、刀割样或咬噬样，难以忍受。受累关节及周围组织红、肿、热、痛和功能受限。多于数天或2周内自行缓解。首次发作多侵犯单关节，部分以上发生在第一跖趾关节，在以后的病程中，部分患者累及该部位。其次为足背、足跟、踝、膝、腕和肘等关节，肩、髋、脊柱和颞颌等关节少受累，可同时累及多

个关节，表现为多关节炎。部分患者可有发热、寒战、头痛、心悸和恶心等全身症状。

2. 照护

适当运动，提升整体免疫力，促进血液循环和新陈代谢，通过运动缓解关节疼痛、防止关节肌肉萎缩。

照护小贴士

嘌呤含量多易引发通风的食物：

1. 豆类及蔬菜类：（黄）豆芽、豆苗等发芽的豆类。

2. 肉类：家禽家畜的肝、肠、心、肚与胃、肾、肺、脑、胰等内脏，肉脯，浓肉汁，肉馅等。

3. 水产类：鱼类（鱼皮、鱼卵、鱼干以及沙丁鱼、凤尾鱼等海鱼）、贝壳类、虾类、海参。

4. 其他：菠菜、酵母粉，各种酒类，尤其是啤酒。

三、老年性骨质疏松症

骨质疏松的发病原因尚不明确，一般认为与性激素的分泌减少有关，因钙吸收不足引起钙代谢的负平衡。此外，老年人活动量减少，肌肉缺乏锻炼，骨内血循环减少，也引起骨质内矿物质减少。另一个因素是室外活动少，见日光少，进食量少，可能有不明显的维生素D缺乏症，使钙质吸收量少而发生骨质疏松。

1. 症状

可出现全身酸痛，以腰背部为明显，逐渐加重，甚至卧床不起，轻微的外伤可发生骨折，常见的是椎体压缩性骨折。

2. 照护

照护的关键在于运动、阳光、饮食。长时间的室外体育锻炼对预防骨质疏松症有利。多吃乳制品、鱼等可起到补钙的作用。如发现已有骨质疏松，要防止跌跤，不要肩负重物或手提重物，以免骨折。

四、类风湿性关节炎

1. 症状

症状可见早晨起床时关节活动不灵活，它是关节炎症的一种非特异表现，其持续时间与炎症的严重程度成正比。

可见多关节受累呈对称性多关节炎（5个关节及以上）。易受累的关节有手、足、腕、踝及颞颌关节等，其他还可有肘、肩、颈椎、髋、膝关节等。也可见关节畸形，手的畸形有梭形肿胀、尺侧偏斜、天鹅颈样畸形、纽扣花样畸形等，足的畸形有跖骨头向下半脱位引起的仰趾畸形、外翻畸形、跖趾关节半脱位、弯曲呈锤状趾及足外翻畸形。

2. 照护

在活动期应卧床休息，平时宜防寒防冻；在缓解期应适当活动锻炼，避免精神刺激。

第六节　泌尿生殖系统疾病照护

一、肾炎

1．急性肾炎

（1）症状

最常见的前驱感染是咽峡炎和脓皮病。感染发生后1 ~ 3 周，突然出现浮肿、血尿、蛋白尿及高血压，严重者血中尿素氮、肌酐短暂升高，并可出现头痛、恶心、呕吐等神经系统症状，还有心慌、气短、胸闷、咳嗽甚至咳粉红色泡沫样痰等心力衰竭的症状，且易并发支气管炎及肺炎。

（2）照护

卧床休息，控制饮水，每日不超过 1 000 毫升，进食低盐、低蛋白、高维生素、易消化的食物。蛋白质每日摄入量宜在 30 ~ 40 克。避免受寒受潮。

2．慢性肾炎

（1）症状

可有浮肿、头痛、乏力、血尿、蛋白尿、贫血等症状。根据不同表现，可分为下列四种类型。

隐匿型：没有明显症状。当感冒、劳累等不适时觉得腰痛、头昏，出现轻度浮肿；检查尿及肾功能时，可有异常改变。

反复发作型：一次肾炎发作后，可因感冒等引起复发，发作时尿中可有少量蛋白、红细胞及管型。部分老年人病情逐渐恶化，发展为高血压、尿毒症。

肾病型：尿中有大量蛋白及顽固性水肿，血浆蛋白降低，血胆固醇及血三酸甘油酯升高，血压可正常或稍高。治愈后常因各种感染而复发。

高血压型：常感头痛头晕，视力模糊，贫血，血压持续升高。轻度蛋白尿，尿中可有红细胞。肾功能检查多有中等以上损害。严重时可出现尿毒症。病情进一步发展可出现心慌、气短、胸闷、干咳等心力衰竭的症状及心脏扩张。

（2）照护

注意清除感染灶，预防感染。多进食低蛋白食物，肾病型及高血压型尤应注意。高血压时可用巯甲丙脯氨酸。

二、泌尿系统结石

1. 肾结石、输尿管结石

（1）症状

约半数的人有突发的腹或腰部绞痛，疼痛向同侧阴囊和大腿方向放散，疼痛为阵发性，持续几分钟至几十分钟，亦可长至几小时。疼痛时并有恶心、呕吐。近半数的人仅有腰或腹部钝痛或隐痛。在疼痛发作或大运动量后可出现血尿，血尿比较轻时肉眼看不出，但在显微镜下检查时尿中可见红细胞。小的结石不超过 0.8 厘米时，有可能自行排出，有时老年人不注意，在不自觉情况下也会自行排出。肾结石若发生在右侧，容易与胆石症、胆囊炎或阑尾炎混淆，故在发生肾结石的症状时要及时找泌尿科医生诊断与治疗。

（2）照护

结石症老年人应养成多饮水的习惯，多饮水可降低尿中盐类浓度，减少沉淀的机会。防止结石复发可根据结石性质及尿的性质调节食物的性质，例如尿酸盐结石可减少肉食、增加柑类水果使尿转为碱性；草酸盐结石时少食草酸盐含量较高的食物，如菠菜、甜菜根等。

2．膀胱结石

结石在膀胱内活动时，则排尿困难。时轻时重，有时排尿出现中途突然停止，略行活动后才能继续排尿。

也可见排尿时有疼痛，尤其在刚排完尿时特别疼痛。膀胱有结石时引起膀胱炎的概率极大，老年人排尿的次数频繁，尿液混浊。

3．尿道结石

膀胱结石在排出的过程中停留在尿道时，就会引起尿道结石，大多数发生在男性老年人中。

三、前列腺炎

1. 症状

从会阴部到精索睾丸部或下腰部都不适，有轻度尿频、尿道刺痒和尿道分泌物。思想顾虑大的可出现神经衰弱，包括性机能紊乱。

2. 照护

平时应当禁酒，避免长时间静坐不动。

第七节 骨、关节疾病照护

一、骨折的处理措施

一旦发生开放性骨折，应将衣服剪开，用消毒纱布或干净衣物覆盖，加压包扎，可达到保护伤口及止血的目的。使用止血带时要注意，绑得不恰当反而会使流血量增加，绑得过久会导致肢体坏死。若怀疑有脊柱骨折，移动时要将老年人整体移动，不可屈曲、后伸或旋转。四肢部位发生骨折时，可就地取材，将木板、纸板、报纸、枕头等作为夹板固定，无物可取时上肢可用布条悬吊并固定在胸前，下肢可与健侧绑在一起，尽快送医。

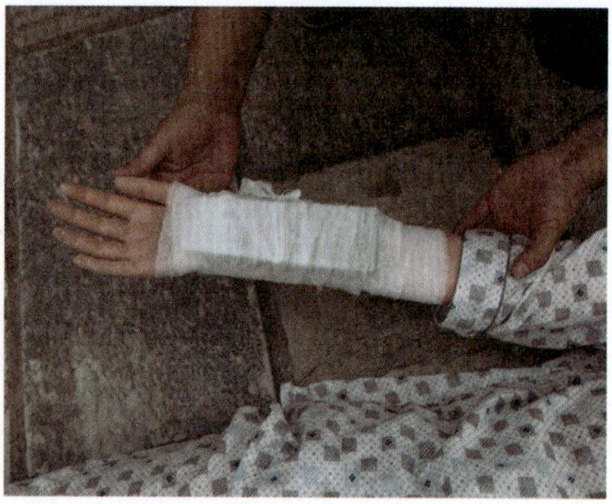

二、肩关节周围炎

1. 症状

发病早期肩部逐渐疼痛，肩关节活动尚属正常。以后疼痛加重，向肩前、肩外侧放散，肩关节活动受限制，尤其做举手梳头及手摸后背的动作明显不方便，最后肩关节活动受限，进展至完全不能动，故又称冻结肩。

2. 照护

要勤于主动锻炼，将患肩做环行运动或侧立在墙旁，用患侧的手指逐步在墙上向上爬行，以伸展肩关节。

三、腰椎间盘突出

1. 症状

多数老年人有持续数周或数月的腰痛，严重的可影响翻身或坐起，经过休息又逐渐减轻或消失；一侧下肢会有疼痛，疼痛先由臀部开始，逐渐向大腿后方、小腿后外侧或足部扩散，站立、步行、咳嗽、打喷嚏或用力大小便等均会使疼痛加剧。少数老年人也会出现双下肢症状。病期久后，小腿外侧及足部有麻木感，甚至失去知觉。

2. 照护

有剧烈的腰痛时，要保持安静，绝对卧床休息3～4周，禁止坐起，可在医生指导下辅以局部电疗、按摩等。腰腿痛消失后逐渐在床上锻炼背部做伸展活动，在围腰保护下可恢复轻工作。但围腰应用时间不能太长，否则会造成腰背肌的萎缩。

四、颈椎病

颈椎病是40 ~ 60岁老年人中常见的慢性病。由于颈椎骨质增生、韧带变性、椎间盘呈退行性改变等，引起颈脊髓神经根或椎动脉的压迫和刺激，出现各种症状。

1. 症状

在颈后、头的一侧发生疼痛，累及肩部及肩胛部，上肢或手指麻木，有的出现头晕、耳鸣、视力模糊、恶心等症状。

2. 照护

对后颈部进行理疗、针灸、按摩，进行颈托间歇牵引和适当应用镇痛剂，大部分老年人可以治愈。间歇牵引时，利用颌下四头带加重力在家中牵引，每日牵引1 ~ 2小时，20次为一疗程。症状严重者可用皮颈领或支架制动。只有经长期非手术治疗无效，症状严重且反复发作者，才进行手术治疗。

第八节　妇科疾病照护

一、阴道炎

1. 老年性阴道炎

（1）症状

阴道分泌物增多、稀薄、呈淡黄色，严重者呈脓血性白带，有臭味。外阴瘙痒或灼热感。阴道黏膜萎缩，可伴有性交痛。有时有小便失禁。感染还可侵犯尿道而出现尿频、尿急、尿痛等泌尿系统的刺激症状。

（2）照护

发生老年性阴道炎时不要因外阴瘙痒而用热水烫洗外阴，虽然这样能暂时缓解外阴瘙痒，但会使外阴皮肤干燥粗糙，之后不久瘙痒会更明显。患病期间每日应换洗内裤，内裤要宽松舒适，最好选用纯棉布料。外阴出现不适时不要乱用药物。清洗外阴时应用弱酸配方的女性护理液。老年人自己的清洗盆具、毛巾不要与他人混用。在性生活前可在阴道口涂少量油脂，以润滑阴道，减少摩擦。

饮食上宜多食新鲜水果和蔬菜，多食大豆类食物，禁食过咸、辛辣食品。

2. 霉菌性阴道炎

（1）症状

阴道内流出像酒糟或粉状乳酪一样的分泌物，呈凝乳状，有时可见稀薄的白色片状物。外阴瘙痒剧烈，有时白带量不多，只是外阴痒。医生取白带在盐水玻璃片上，在显微镜下直接观察可找到霉菌，有时与滴虫并存。当男方有感染时须与女方一同治疗。

（2）照护

一般要吃清淡的食物，以高蛋白、低脂肪为主，多食水果蔬菜，如香蕉、甘薯、芹菜等，忌食辣椒、麻椒、生葱、生蒜、白酒等刺激性食物及饮料。

二、更年期综合征

1. 症状

（1）月经紊乱，先后无定期，经量多少不一；行经间隔期延长，并逐渐由量少过渡到自然绝经。

（2）精神神经症状主要表现为：阵发性面部潮红，两颊部火热，时有出汗，失眠，烦躁不安，情绪急躁，易于激动；思想不集中，记忆力减退；有时出现皮肤麻木、刺痒、蚁走感及关节痛等症状。

（3）心血管症状：心悸，心律不齐，有时血压升高，或血压波动较大。

（4）代谢障碍引起的症状：脂肪代谢紊乱，使体内脂肪堆积，体形肥胖，多表现在腹部、髋、臀、乳房、颏下。糖代谢紊乱，可见血糖升高或出现尿糖现象。水盐代谢紊乱，引起水与钠的潴留而发生水肿。钙磷代谢紊乱，可致骨质疏松及脱钙或关节疼痛。

2. 照护

照护人员要用解释、说服、鼓励的方法使老年人了解更年期是一个正常的生理阶段，对健康影响不大，而且这些症状很快就会消失。要坚持做力所能及的劳动，合理安排生活，进行适当锻炼，并参加一些社会活动，使精神有所寄托，保持心理、精神上的平静，顺利度过更年期。女性老年人更年期卵巢功能衰竭，是一个生理过程，无须预防，但应掌握保健知识，以积极、乐观的生活态度度过更年期。

第九节 五官科疾病照护

一、白内障

1. 症状

早期白内障引起的视力障碍与混浊所在部位及密度有密切关系，在后极部或核部的混浊可较早地影响视力。白内障早期无明显不适，有的人易感眼疲劳，或有视物变形、眩光、单眼复视、单眼多视等现象。少数老年人在肿胀期可引起青光眼发作。

2. 照护

白内障手术后，伤口还处于愈合期时，注意不要过度用眼，饮食方面要吃清淡的食物，尽量远离辛辣食物。

二、青光眼

1. 症状

（1）慢性单纯性青光眼

早期没有任何症状，进展缓慢。不充血，眼压中等增高。进展到一定程度时可有轻度眼胀、视力疲劳和头痛，视野逐渐缩小，眼底出现改变。病情进展可使双眼视野呈管状，行动不便或出现夜盲症状，甚至失明。

（2）急性闭角性青光眼

起病很急，眼压急剧升高。伴有剧烈头痛、恶心、呕吐等全身症状。有可能被误认为是神经科或内科疾病，待数日症状缓解后才发现眼睛已失明。在急性发作前常有前驱期：出现反复发作的视物模糊、虹视（看灯光时有彩色环）、轻度眼痛及偏头痛、鼻根部和眼眶部酸痛、恶心。多在疲劳、失眠或情绪波动后，或于傍晚和夜间瞳孔散大情况下发作。经睡眠或到光亮处（瞳孔缩小），症状可自行缓解。发作时间短暂，间隔时间长，通常 1 ~ 2 小时症状完全消失。多次发作后则持续时间延长，间隔时间缩短，症状加重。也有少数老年人不经过前驱期而直接表现为急性发作。如不及时治疗，可能会导致视力严重损害甚至失明。

2. 照护

做好心理护理，解除老年人患者精神上的紧张和焦虑情绪，树立信心，配合医生的治疗。老年人生活要有规律，心情舒畅，劳逸结合，避免阅读时间过长。衣领不宜过紧，睡眠时枕头应适当垫高。饮食要易于消化，不宜一次大量饮水，禁止吃刺激性食物，保持大便通畅。用药要谨慎，一旦误用，应立即报告医生采取相应措施。

三、视网膜脱离

1. 原发性视网膜脱离

症状为最先感到眼前出现火花和闪光现象，闭眼或在暗处也出现，而后会出现黑影飘动及被遮挡的暗区，其范围随病情的发展而扩大。后逐渐出现视物变形及视力下降。

在高度近视及视网膜脱离术后的照护上，老年人应避免抬举重物，防止头部或眼部过猛动作，防止便秘。

2. 继发性视网膜脱离

由于外伤、脉络膜炎症或肿瘤、眼底出血、增殖性视网膜炎、妊娠中毒症视网膜病变等引起。照护同原发性视网膜脱离。

四、中耳炎

1. 症状

（1）急性化脓性中耳炎

耳痛为本病的早期症状。患者感耳深部钝痛或搏动性跳痛，疼痛可经三叉神经放射至同侧额、颞、顶部、牙或整个半侧头部，吞咽、咳嗽、喷嚏时耳痛加重，耳痛剧烈者夜不能寐，烦躁。一旦鼓膜出现自发性穿孔或行鼓膜切开术后，脓液向外宣泄，疼痛顿减。患耳可有搏动性耳鸣、听力逐渐下降。耳痛剧烈者，轻度的耳聋可不被患者察觉。鼓膜穿孔后听力反而提高。如病变侵入内耳，可出现眩晕和感音神经性聋。鼓膜穿孔后耳内有液体流出，初为浆液血性，以后变为黏液脓性乃至脓性。如分泌物量甚多，提示分泌物不仅来自鼓室，也来源于鼓窦、乳突。

（2）慢性化脓性中耳炎

间歇性或持续性耳部流脓，急性感染时流脓发作或脓液增多。脓液性质为黏液性或黏脓性，长期不清理可有臭味。炎症急性发作期或肉芽、息肉等受到外伤时可有血性分泌物。鼓膜松弛部或紧张部后上方有边缘性穿孔，从穿孔处可见鼓室内有灰白色鳞屑状或豆渣样物质。患耳可有不同程度的传导性或混合性听力损失。听力下降的程度和性质与鼓膜穿孔的大小、位置，听骨链的连续程度，迷路破坏与否有关。部分患者有耳鸣，多与内耳受损有关。一般慢性中耳炎患者较少出现眩晕症状，当慢性中耳炎急性发作，出现迷路破坏时，患者可出现剧烈眩晕。

2．照护

治疗过的中耳炎病人，仍要接受定期检查。尽量用鼻子呼吸，睡觉侧躺时将患耳朝下，擤鼻涕时不可过猛。不可认为症状减轻就自行停药。特别要防止不洁的水经外耳道进入中耳，造成炎症的加重。

五、外耳道炎

1．症状

急性外耳道炎的主要症状是耳痛，拉耳郭和压耳屏时耳痛加重。外耳道皮肤弥漫性充血、肿胀，并有少量稀薄分泌物。慢性外耳道炎老年人，常无严重的耳痛，有时仅有耳部不适或发痒感，可有少量分泌物，外耳道皮肤增厚、轻度充血，也可有痂皮、少量脓液或肉芽。久病者，可有外耳道狭窄，听力减退。糖尿病老年人可患坏死性外耳道炎，多由绿脓杆菌引起，症状重者可引起骨髓炎和颅内感染。

2．照护

衣着要适度，避免着凉。多吃新鲜水果和蔬菜，注意饮食平衡。注重个人卫生，保持外耳道干燥。忌用不洁物品或他人物品挖耳，防止交叉感染。

六、耳鸣

耳鸣是指老年人耳内有鸣声而周围环境中并无相应的声源存在。严格地说，耳听到声音者为真正的耳鸣，感到头内有声音者为脑鸣。由耳部病变引起者常与耳聋和眩晕同时存在，由全身因素引起者则可不伴耳聋或眩晕。传导性聋的耳鸣多属低音调，感音神经性聋的耳鸣多属高音调。耳鸣应与幻听区别，前者为单纯的音调感觉，后者为语言或声音的复合感觉。各种耳病均可引起耳鸣，如耵聍栓塞、中耳炎、耳硬化症、梅尼埃尔氏病及听神经瘤等。高血压、贫血、肾病、神经官能症、动脉瘤也可引起耳鸣。

1．症状

可分为主观性耳鸣与客观性耳鸣，前者为非振动性耳鸣，仅老年人自觉耳鸣，后者为振动性耳鸣，观察者也能听到响声。一般耳鸣的频率与听力减退的频率相近。初期耳硬化症及梅尼埃尔氏病的耳鸣为低频，老年性聋及噪声性聋的耳鸣多为高频。

2．照护

宜食用牛奶，牛奶中尤以维生素 A、维生素 D、维生素 B_2 含量高。这些维生素与钙的吸收利用，对防治改善血液循环和耳聋症状很有帮助。宜食含锌食物，缺锌是导致老年性耳聋的一个重要原因。大豆是含铁量较高的一种食物，其中铁和锌的含量都较其他食物高得多。大豆中还含有大量的钙，能补充耳蜗钙代谢不足，改善耳聋、耳鸣症状。人体补充铁质可以扩张微血管，保证耳部的血液供应，可以有效地防止听力减退。

七、鼻炎

急性鼻炎即俗称的感冒，慢性鼻炎包括单纯性鼻炎、肥厚性鼻炎及萎缩性鼻炎。

1．慢性单纯性鼻炎

由急性鼻炎反复发作引起。不良生活环境、鼻中隔偏曲、鼻腔及邻近炎症病灶刺激，长期局部使用刺激性药物，全身慢性代谢性疾病都可能是病因。

（1）症状

间歇性鼻塞，白天、夏季、劳动或运动时减轻，夜间、休息、寒冷时加重。变换侧卧方位时，两侧鼻腔阻塞随之交替。一般无鼻塞性鼻音、嗅觉减退，少数病人可能有头痛、头昏。鼻涕增多，一般为黏液白色鼻涕，继发感染时有脓涕。

（2）照护

注意工作和环境卫生，忌烟酒，消除病灶。不能过分依赖药物来保持鼻腔通气。注意锻炼身体，增强体质。

2．慢性肥厚性鼻炎

（1）症状

由单纯性鼻炎时的间歇性或交替性鼻塞转变为持续性鼻塞，这是因为鼻黏膜已呈实质性的肥厚，黏膜缺乏收缩功能，所以鼻塞更显严重。鼻腔持久阻塞，使患者说话带有明显鼻音，好像被捏住鼻子时讲话的声音。因为鼻呼吸不通，空气中的各种气味进不了嗅区，嗅觉也明显减退。慢性肥厚性鼻炎由于鼻呼吸障碍，鼻甲的后端黏膜往往特别肥厚，它不但阻碍呼吸，并且会影响通向中耳的咽鼓管，使老年人患者发生耳鸣和听力减退。鼻黏膜呈暗红色。下鼻甲表面凹凸不平呈桑葚样改变，触之较硬，无弹性或弹性差，即用探针触压下鼻甲常不凹陷，或触压时凹陷，当探针拿起后凹陷部位不能立即弹起恢复原状。

（2）照护

加强体育锻炼，增强体质。及时增减衣物，避免着凉引发呼吸系统疾病。规律生活，适度休息，保证睡眠。保持居住环境干净整洁，温度、湿度适宜。

3．慢性萎缩性鼻炎

慢性萎缩性鼻炎是一种退行性病变，鼻黏膜、骨膜和鼻甲骨质萎缩，鼻黏膜纤毛运输功能消失。

（1）症状

鼻塞，干燥，嗅觉减退，头痛，咽干。鼻黏膜干燥、充血，鼻腔有干痂及脓液。下甲缩小，鼻腔宽大。

（2）照护

用温盐水冲洗鼻腔，也可复方薄荷油点鼻，重者可手术。

八、咽喉炎

1. 急性咽炎

（1）症状

一般起病较急，老年人患者可感觉咽部干燥、灼热、粗糙、微痛，咽痛症状逐渐加重，后出现吞咽疼痛。咽痛可以放射至两侧耳部及颈部。若炎症累及喉部，可以出现咳嗽以及声音嘶哑等症状。软腭以及悬雍垂发生剧烈肿胀后，可以出现共鸣腔改变。此外，老年人患者可出现全身不适、头痛、食欲不振、口干、口渴、畏寒以及四肢酸痛等症状。可伴有体温升高，一般在 38℃上下，甚至可以高热达到 40℃。

（2）照护

老年人患病后应注意休息，多进水，保持大便通畅。可用板蓝根注射液，口服解毒消炎片、六神丸等。症状重者宜用抗生素。也可用复方硼砂溶液或盐水含漱。

2. 慢性咽炎

（1）症状

主要症状有咽部不适感、异物感，咽部分泌物不易咳出，咽部痒感、烧灼感、干燥感或刺激感，还可有微痛感。

（2）照护

寻找可能诱因，如生活环境、生活习惯、饮食、嗜好、思想情绪等，以及有无慢性病灶和内脏器官疾病。饮食宜清淡，如橘子、橄榄、鸭梨、青果及新鲜蔬菜等，少食肥甘厚味及油炸食物。

3. 急性喉炎

（1）症状

声音嘶哑是急性喉炎的主要症状。轻者发声时音质欠圆润和清亮，音调较前变低、变粗；重者声音嘶哑，发声费力，更甚者仅能作耳语，或完全失声。老年人患者感喉部不适、干燥、烧灼感、异物感，喉部及气管前可有轻微疼痛，发声时喉痛加重，通常急性喉炎引起的疼痛不影响吞咽。因喉黏膜发炎时分泌物增多，常有咳嗽，起初干咳无痰，至晚期喉部则有黏脓性分泌物，因较稠厚，常不易咳出。分泌物若黏附于声带表面可加重声音嘶哑。

（2）照护

急性喉炎最重要的治疗措施是声带休息，不发声或尽量减少发声次数及发声强度，减少由于发音造成的双侧声带运动和互相摩擦引起的声带水肿。应防止以耳语代替平常的发声，因耳语声造成声门下压力增大而并不能达到声带休息的目的。

要让老年人进行适当体育锻炼，保持健康规律的作息，保证充足的睡眠和休息，调整身体状态和保持良好的心态从而提高自身整体免疫力，避免感冒。避免过度用声和滥用嗓音。保持室内空气流通、湿润，避免寒冷及高热气温刺激；避免接触粉尘、刺激性气体及有害气体、空气质量差的环境等一切对喉黏膜不利的刺激因素。尽量避免接触导致慢性过敏性咽喉炎的致敏原。积极治疗上呼吸道感染及邻近病灶如鼻窦炎、咽炎、气管炎等。

4. 慢性喉炎

（1）症状

声音嘶哑是最主要的症状。初起为间歇性。如累及环杓关节，则晨起或声带休息较久后声嘶反而显著，但一般认为用嗓越多则声嘶越重，继之声嘶逐渐变为持续性。完全失声者很少见。常感觉有痰液黏附，每当说话时需清嗓或咳嗽以清除黏稠痰液。咽部有刺痛、烧灼感、异物感、干燥感等，老年人患者借咳嗽以求暂时减轻喉部不适感觉，这种咳嗽常为无分泌物的干咳，是慢性喉炎的一个特有症状。可有痉挛性咳嗽，结痂为引起痉挛性咳嗽的原因，故常有痂块或黏稠分泌物随咳嗽排出，有时其中带有少量血液。

（2）照护

避免用声过度、发声不当，避免急性喉炎反复发作。积极治疗邻近器官（鼻、鼻窦、咽部、气管）的感染性疾病，消除对喉部黏膜的刺激。避免环境过高温度、空气中的粉尘、环境中有害气体、烟酒等对喉部的长期刺激。积极治疗过敏性疾病及类风湿性疾病等。

九、牙周炎

1. 症状

由于炎症的扩展，牙周膜被破坏，牙槽骨逐渐吸收，牙龈与牙根分离，使龈沟加深而形成牙周袋。可用探针测牙周袋深度。牙周袋壁有溃疡及炎症性肉芽组织形成，袋内有脓性分泌物存留，故轻按牙龈可见溢脓，并常有口臭。由于牙周组织被破坏，特别是牙槽骨吸收加重时，支持牙齿力量不足，易出现牙齿松动、移位等现象。

2. 照护

保持口腔卫生，饭后用淡盐水漱口。刷牙后可以用干净的手指环牙周做按摩护理运动，可以从上下颌牙后牙开始，慢慢向前移动，能够起到促进牙周血液循环的作用，减少牙周炎的发生。

第十节 皮肤病照护

一、鸡眼

1. 症状

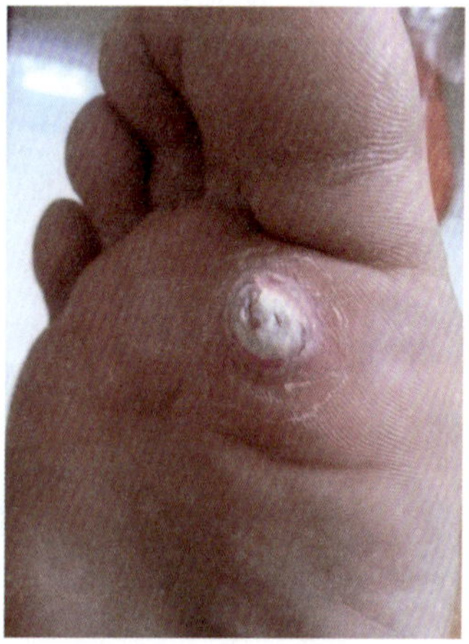

鸡眼是由长期摩擦、受压引起的圆锥形角质层增厚。用小刀去除表面角质，中央可见坚硬针状角质栓——角质中心核，其尖端深入皮内，外周有一圈透明的淡黄色环，表面光滑透明。多发于足底或足趾。在站立或行走时，鸡眼压迫局部感觉神经，引起剧烈疼痛，致使走路艰难。鸡眼通常单个出现，不会传染，多由长期摩擦和受压引起。

2. 照护

老年人要穿适足的鞋，鞋内可衬厚软鞋垫，在鸡眼相应部位的鞋垫上挖一个洞以免摩擦，脚有畸形者应进行矫治。局部可用药膏外敷。敷药时要保护周围皮肤，可将胶布剪一小孔，露出鸡眼部位，敷药后，再用大块胶布覆盖，每 3 ~ 5 天换药一次，每次换药前先用热水泡足，刮去软化的角质。也可请医生在局部麻醉下电凝或激光治疗。

二、神经性皮炎

1. 症状

初发时局部皮肤出现奇痒，搔抓后皮肤出现多数米粒至高粱米大、淡红色至黄褐色，不规则分布的多角形坚硬的扁平丘疹，密集成片，逐渐增厚，时久由于搔抓皮肤肥厚，皮沟明。好发部位主要以颈后及其两侧为主，其次是肘窝、腋窝，也可见于腰背、小腿、外阴、肛门等处，常对称分布。

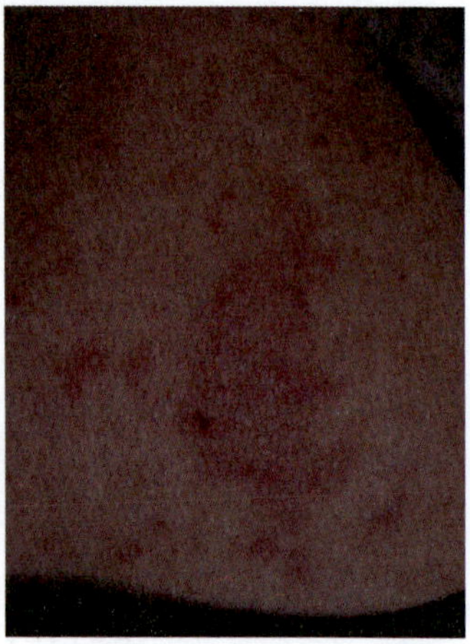

2. 照护

避免搔抓、摩擦、热水烫或用肥皂擦洗，防止局部多汗。忌酒精、浓茶、咖啡和辛辣刺激食品等。

三、带状疱疹

本病系由水痘—带状疱疹病毒所致。此病毒可长期潜伏于人体内，免疫功能低下时如在感染、外伤、肿瘤及红斑性狼疮等病中，可导致病毒再活动而诱发本病。多在春秋季发病。

1. 症状

局部先感皮肤灼热、感觉过敏或神经痛，继而出现皮肤潮红，在此基础上出现簇集性粟粒大小水疱，疱膜紧张发亮。水疱沿神经分布，单侧发疹，一般不超过体表正中线，常见于胸部肋间神经分布区和腰腹部及面部三叉神经分布区。发疹区疼痛沿受累神经支配区域放射。本病发病迅速，病程约 2 ~ 3 周，能自愈。愈合可留暂时性色素沉着，极少复发。老年人常于皮疹消退后遗留较长时间的神经痛。

2. 照护

主要是减轻疼痛，消炎，防止局部继发感染。注意适当休息和避免摩擦，必要时请皮肤科医生处理。

第十一节　急危重症照护

一、煤气中毒

在生产和生活中，凡含碳物质燃烧不完全时，均产生煤气（一氧化碳），如通风不良可发生急性煤气中毒。家庭用煤炉产生的煤气，是生活中最常见的煤气中毒原因。

1. 症状

轻症者有头晕、头痛、乏力、心慌、恶心、呕吐，甚至晕厥。重症者皮肤呈现樱桃红色，呼吸心跳加快、昏迷，甚至深昏迷以至死亡。经抢救清醒后，可出现震颤麻痹、偏瘫、精神异常等脑损害的症状。

2. 处理措施

迅速将老年人移至空气新鲜处，注意保暖。保持呼吸道畅通，呼吸道内有分泌物时需及时吸出。

二、中暑

中暑是在高温长时间作用下所发生的疾病。

1. 症状

（1）先兆中暑

在高温环境中工作一定时间，或年老、体弱、慢性病者在连续数天高温后易发生中暑。先驱症状有全身疲乏无力、头昏头痛、心慌、胸闷、出汗、口渴、恶心等症状。若移至阴凉处休息，或饮清凉饮料后，症状可消失。

（2）轻度中暑

有先兆中暑症状，并有体温升高38℃以上，面色潮红或面色苍白，恶心，呕吐，皮肤湿冷，血压下降等症状。

（3）重症中暑

重症中暑分以下四类。

循环衰竭型：面色苍白，四肢湿冷，血压降低，脉搏细弱快，神志恍惚不清等循环衰竭的表现。

高热昏迷型：体温在39℃以上，烦躁不安，皮肤干燥无汗，思睡或昏迷，脉搏细而快，瞳孔缩小。如不及早抢救，可于数小时内死亡。

热痉挛：由于出汗过多，体内失去大量盐分，而引起肢体抽搐或痉挛。

日射病：由于头部受到暴晒，引起脑膜及脑组织充血，剧烈头痛，头晕，耳鸣，眼花，烦躁不安，恶心，呕吐，严重时出现惊厥、昏迷等。

2. 处理措施

当出现中暑先兆时，要赶快离开高温环境，到阴凉通风处休息，可以喝一些含有盐分的清凉饮料。在额部、太阳穴处涂抹清凉油、风油精，或服用人丹、十滴水、藿香正气水等中药，有预防作用。如果发现中暑较重甚至昏厥者，要立即掐按其人中穴，促其苏醒。如果是在家里，可以用湿毛巾、湿床单让老年人降温；如果是在户外，可以用矿泉水将老年人衣服打湿使其降温，并及时拨打 120 送到医院救治。

3. 照护

人在中暑之后常常很虚弱，在恢复过程中，应吃些较为清淡、容易消化的饮食，补充必要的水分、盐、热量、维生素、蛋白质等。中暑后不要大量饮水，中暑老年人应采用少量、多次的饮水方法，每次以不超过 300 毫升为宜，切忌狂饮。中暑后还应该注意不要大量食用生冷瓜果，中暑老年人大都脾胃虚弱，大量食用生冷食物和寒性食物会进一步损伤脾胃阳气，重者会出现腹泻、腹痛等症状。中暑后应少吃油腻食物，以适应夏季肠胃的消化能力。

三、心脏骤停

1. 症状

心音消失，摸不到脉搏，测不到血压，全身抽搐，呼吸断续且随即停止，昏迷，瞳孔散大。

2. 处理措施

首先畅通气道，托举下颌，头后仰，做人工呼吸。以口对口呼气效果最好，快速深吸气后大口吹气，连续吹气4次后，每5秒钟吹气1次，或心脏按压5次吹气1次。人工胸外心脏按压是建立人工循环的主要方法。老年人置于水平位，头部不要高于心脑水平，下肢抬高，有节律地挤压其胸骨下半部。按压部位不可过高，也不可过低。若在床上进行，老年人背部需垫一硬板；挤压时照护人员一手手掌与老年人胸骨长轴方向平行地放于老年人的胸骨前方，另一手手掌重叠于其上，双肘关节伸直，掌跟垂直加压。加压后放松，加压与放松时间相等。按每分钟60～70次有节律地坚持进行。挤压时使胸骨下端陷下4～5厘米。有效者可扪及颈动脉或股动脉搏动。同时及时通知医生抢救。

5

第五章 运动疗法

第一节 传统的运动疗法

一、关节活动范围训练

1. 基本原则

（1）在功能评定的基础上决定训练的形式，如被动运动、主动运动等。

（2）老年患者处于舒适体位，同时确保老年患者处于正常的身体力线。

（3）扶握将被治疗关节附近的肢体部位，以控制运动。

（4）对过度活动的关节、近期骨折的部位或麻痹的肢体等结构完整性较差的部位予以支持。

（5）施力不应超过疼痛耐受的极限。

（6）在进行训练和完成训练后，应注意观察老年患者的一般状况，注意生命体征，活动部分的皮温、颜色改变，以及关节活动度和疼痛的变化。

（7）同一肢体数个关节均需关节活动范围训练时，可依次从远端向近端的顺序逐个关节或数个关节一起训练。

照护小贴士

1. 要向老年人充分说明进行关节活动范围训练的目的和方法，取得老年人的合作，尤其要提醒老年人不要强忍疼痛。

2. 活动前要充分暴露出要训练的部位，尤其是要确定肢体有无水肿，以及肌肉、肌腱的张力状态。

3. 每次训练前均要洗手，冬季要暖手。

4. 训练前应检查主动关节活动范围和被动关节活动范围，训练时可以根据恢复程度采用被动、主动辅助运动以及主动运动、抗阻运动的活动方式。要尽可能地用自主运动的活动方式。注意训练时的代偿运动。

2. 关节活动范围训练的方法

（1）老年人取舒适、放松体位，肢体充分放松。

（2）按病情确定运动顺序，由近端到远端（如肩到肘、髋到膝）的顺序有利于瘫痪肌的恢复；由远端到近端（如手到肘、足到膝）的顺序有利于促进肢体血液和淋巴回流。

（3）固定肢体近端，托住肢体远端，避免替代运动。

（4）动作缓慢、柔和、平稳、有节律，避免冲击性运动和暴力。

（5）操作在无痛范围内进行，活动范围逐渐增加，以免损伤。

（6）用于增大关节活动范围的被动运动可出现酸痛或轻微的疼痛，但可耐受；不应引起肌肉明显的反射性痉挛或训练后持续疼痛。

（7）从单关节开始，逐渐过渡到多关节；不仅有单方向，而且应有多方向的被动活动。

（8）老年人感觉功能不正常时，应在有经验的治疗师指导下完成被动运动。

（9）每一动作重复 10 ~ 30 次，每天 2 ~ 3 次。

3. 动作举例

（1）肩关节屈曲伸展。右手握住老年人的腕关节及手掌，左手握住肘关节近端，慢慢上举上肢到全关节活动范围，然后返回。

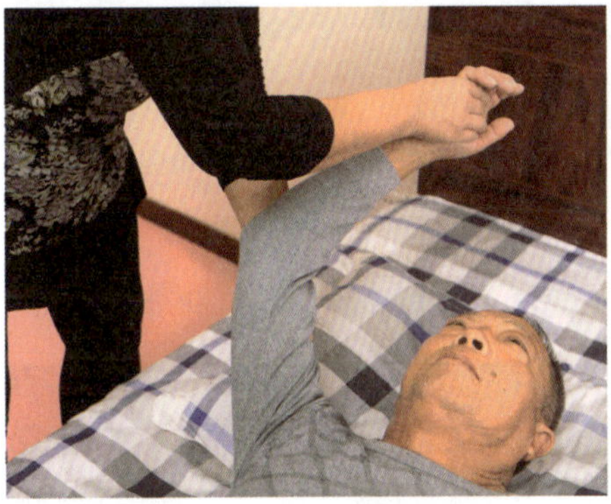

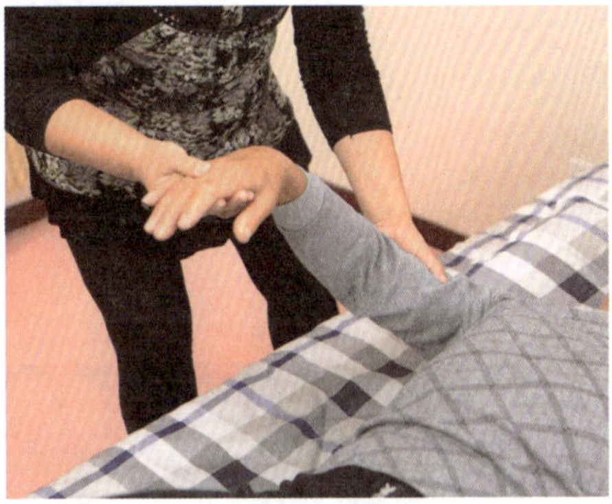

（2）肩关节内收外展。与肩关节屈曲类似，同样握住上肢向外侧活动，此时肘关节可以稍微屈曲。为了达到外展的全范围，需要肩胛带的上方回旋和上臂的外旋。

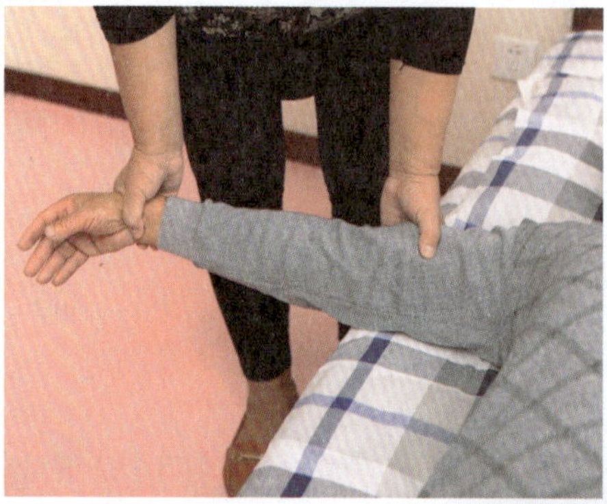

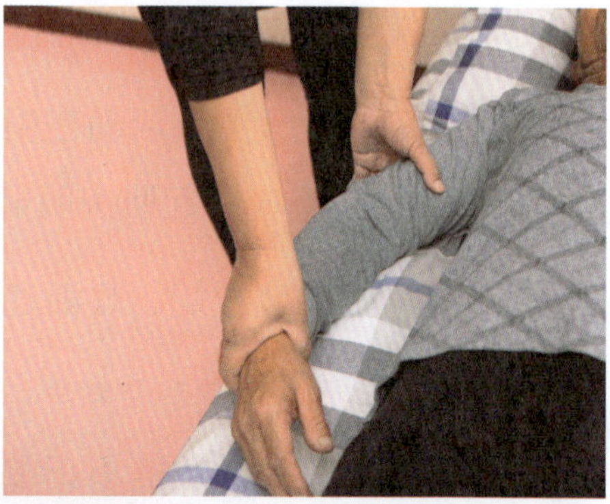

（3）肩关节内外旋。开始为肩关节90° 外展，肘关节 90° 屈曲，前臂呈中立位。照护人员的左手拇指插入老年人的拇指和食指之间并握住腕关节，右手握住肘关节，以上臂为轴进行旋转。

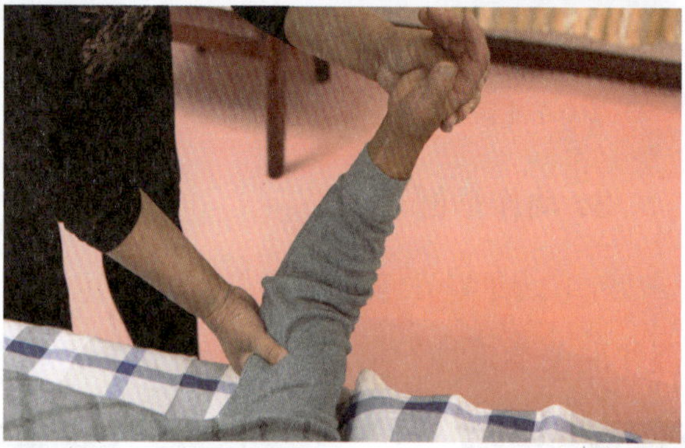

（4）肩关节水平内收和水平外展。为了使水平外展在全关节活动范围运动，把肩关节放在床的一端，从肩关节屈曲外展 90° 开始。手的位置同肩关节的屈曲，一边旋转手臂，一边进行水平外展内收。

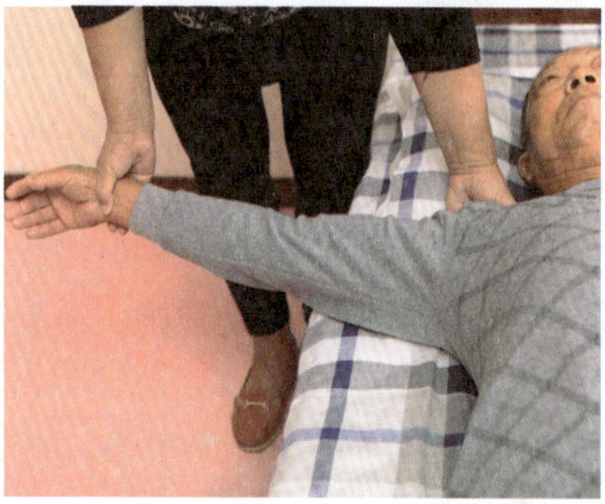

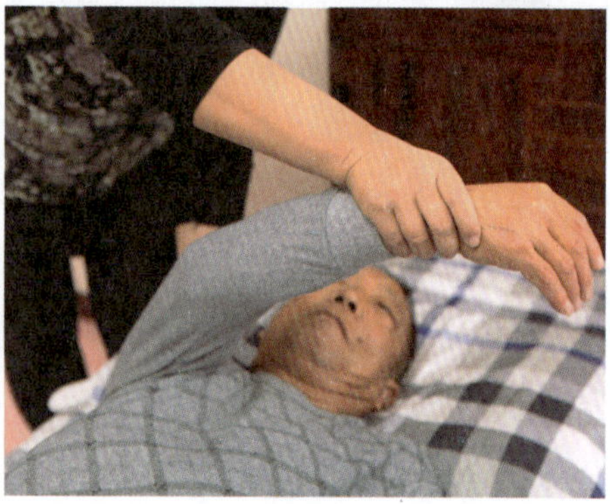

（5）肱二头肌牵张。取仰卧位，把肩移出床。左手把持肘关节周围，右手把持前臂远端并旋转前臂，接着伸展肘关节，直到伸展到老年人诉说肩关节的三角肌前部纤维部有不适感为止。

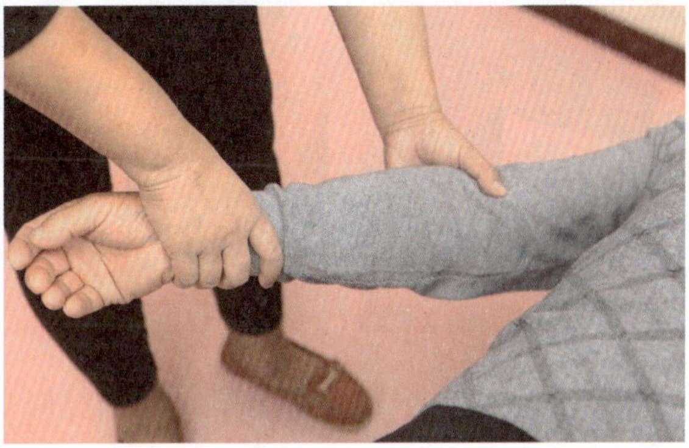

（6）肱三头肌牵张。肱三头肌的活动范围若接近正常，为了获得全活动范围可在坐位进行，若受限可取仰卧位。左手把持老年人前臂远端，右手把持肘关节下方使肘关节完全屈曲，接着右手上举老年人上臂屈曲肩关节，直到老年人诉说上肢的后部有不适感为止。

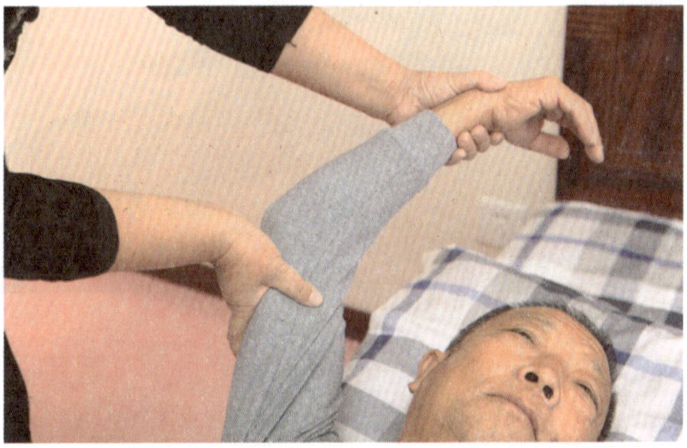

（7）髋关节和膝关节屈曲。照护人员左手置于老年人膝下，右手握住足跟部，当膝关节最大屈曲时，左手移向大腿外侧部。在小腿的近端稍加压力。为了使髋关节完全屈曲，屈曲膝关节使腘绳肌紧张。为了使膝关节完全屈曲，屈曲髋关节，以减少股直肌的紧张。

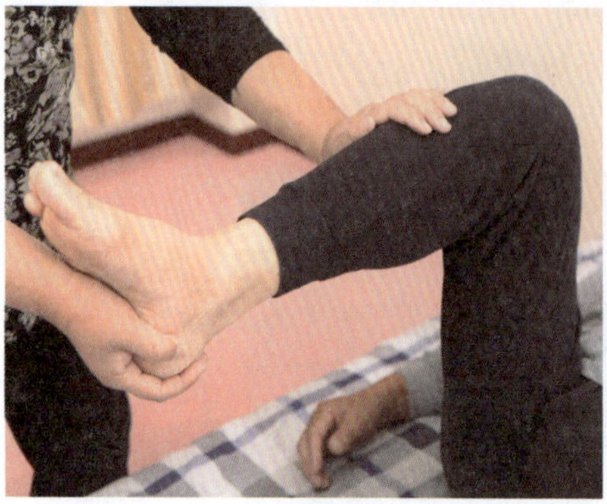

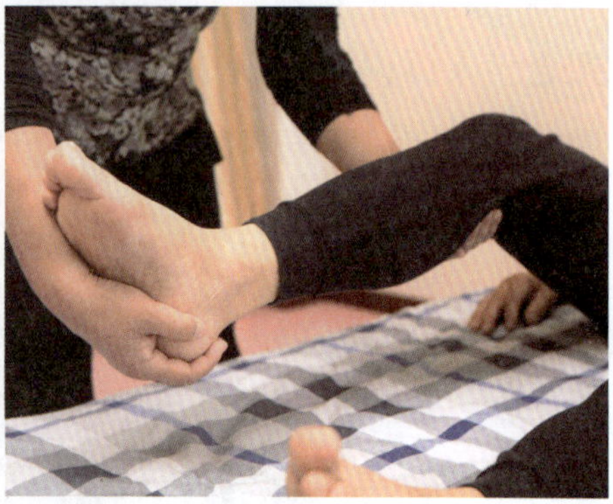

（8）膝关节和髋关节双关节肌肉的牵张。腘绳肌牵张，即右手握住老年人的足跟下部（跟腱部），左手把持老年人膝关节的前面，膝关节伸展的同时屈曲髋关节。

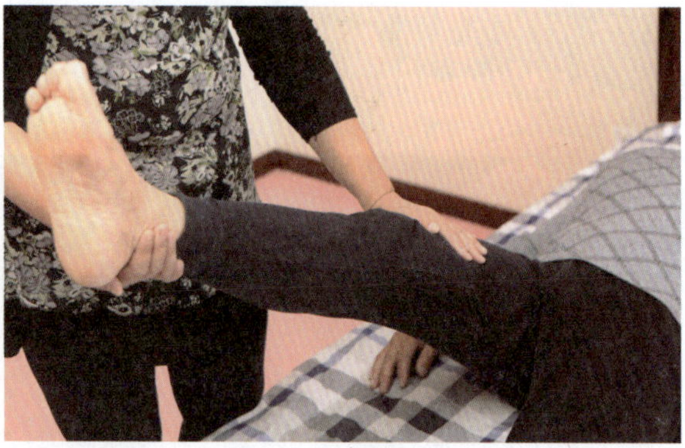

（9）髋关节内外旋。髋、膝关节伸展状态下，老年人保持仰卧位，照护人员左手把持老年人膝部，右手握住老年人踝关节，大腿向内外方旋转。老年人保持仰卧位，髋、膝关节90° 屈曲，左手把持膝部，右手扶住小腿近端，屈曲肘关节，利用前臂支持小腿，以股骨为轴旋转小腿。

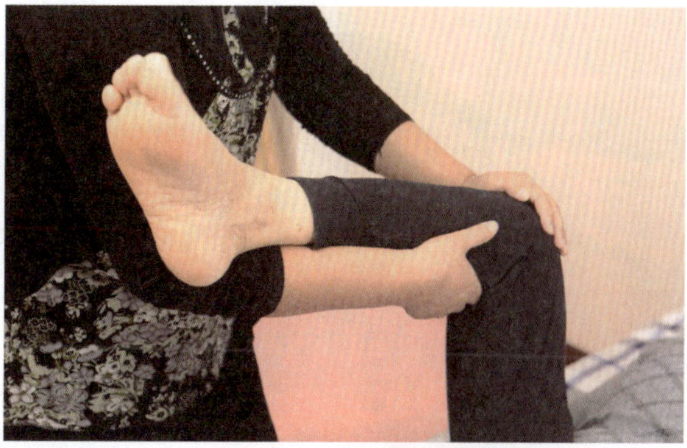

（10）踝关节背屈。左手固定小腿远端部，右手抓住跟骨，前臂紧靠足底，前臂稍稍用力推老年人足底，右手手指向外拉跟骨，则踝关节背屈。

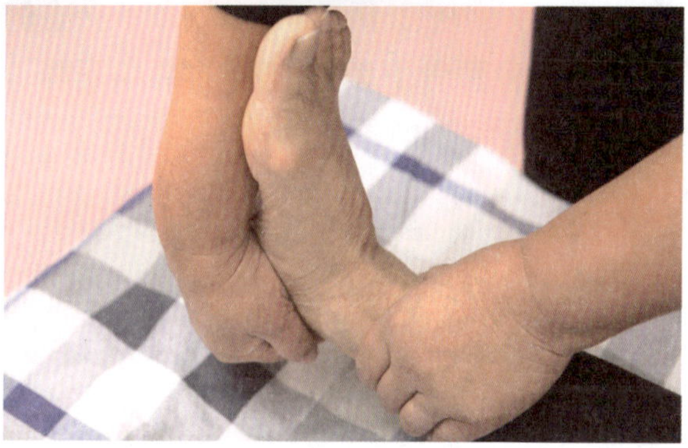

（11）腰椎屈曲。从膝下开始，向上抬起两膝，使两膝向胸廓部弯曲（髋、膝关节屈曲）。如髋关节完全屈曲，同时屈曲脊柱，则骨盆后倾。

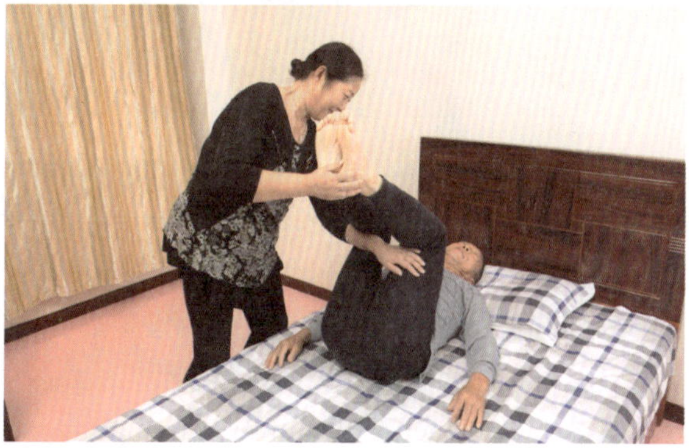

（12）腰椎旋转。仰卧位并保持膝立位，左手固定老年人的胸廓，右手置于膝外侧，把老年人的膝推向外侧，向两旁反复活动。

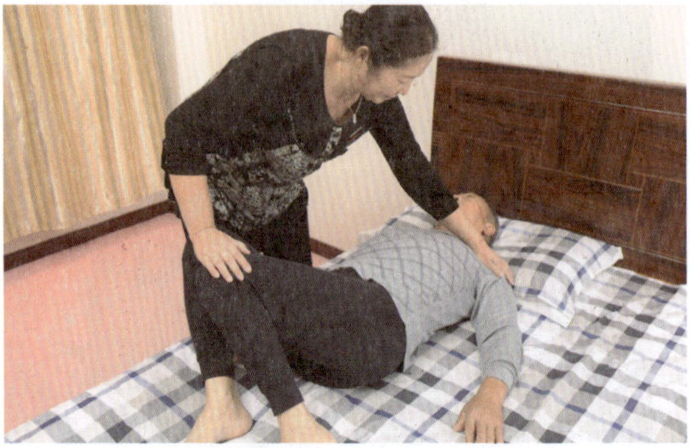

（13）肩胛带活动。可取俯卧位或侧卧位，左手把持肩峰部，右手把持肩胛骨下角处进行上举、下降、外展、内收、上方回旋和下方回旋等各方向的活动。

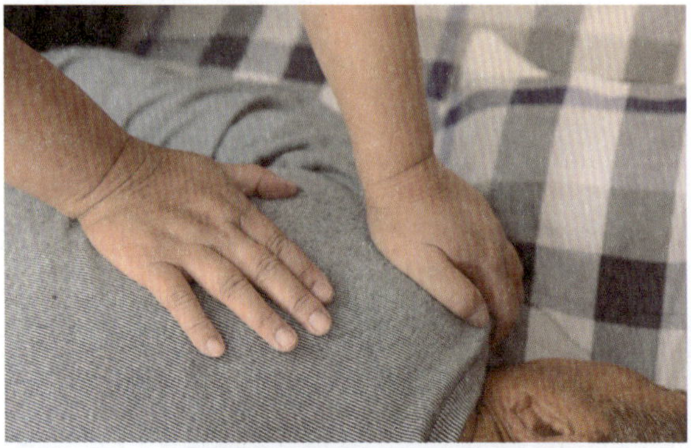

（14）髋关节伸展。取俯卧位或侧卧位，俯卧位时左手固定骨盆，右手放在膝下做伸展。侧卧位时，左手固定骨盆，右手置于大腿部下方，用前臂支持小腿，手绕到大腿前面，做髋

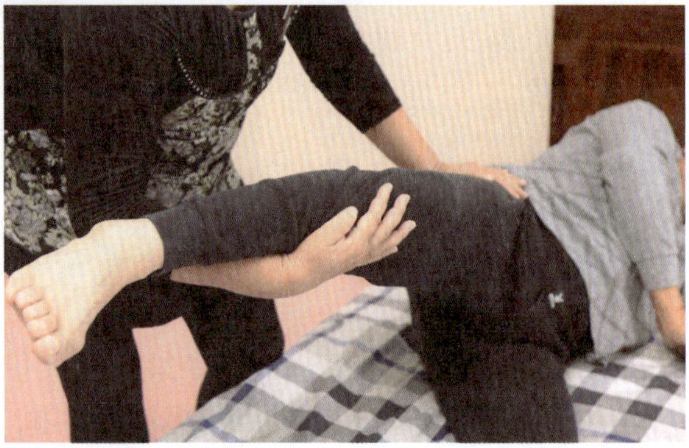

关节伸展。膝关节最大屈曲、髋关节最大伸展时，股直肌能够得到牵张。

二、肌力增强训练

1. 基本原则

（1）阻力原则

阻力包括肌体重量和纯粹外加的阻力等。若在无阻力的情况下训练，则达不到增强肌力的目的。

（2）超量负荷原则

所给的负荷应略高于现有的肌力水平或至少相当于使肌肉产生最大强度收缩所需负荷的60%，并持续训练6周，才可取得明显的效果。

（3）肌肉收缩的疲劳过度原则

即训练时应使肌肉感到疲劳但不应过度疲劳的原则。

2. 具体训练方法

（1）辅助主动运动

辅助主动运动适用于肌力较弱尚不能独自主动完成运动的部位，也就是当肌力恢复到2级时，应开始进行此类运动来逐步增强肌力。在训练时要随着肌力的恢复不断地改变辅助的方法和辅助量。

辅助主动运动不需要任何器械的帮助。当肌力为1级或2级时，照护人员可帮助老年人进行主动运动。例如，当股四头肌肌力为2级时，让老年人侧卧位，患侧下肢在下方，膝关节屈曲，照护人员面向老年人站立，一只手拖起上方下肢，让老年人主动伸展患肢的膝关节，同时照护人员的另一只手在下方下肢小腿后方稍加辅助力量。随着肌力的改善，随时可以做辅助量的精细调节，不受任何条件的限制。缺点是照护人员与老年人呈1∶1的训练，比较费时费力。

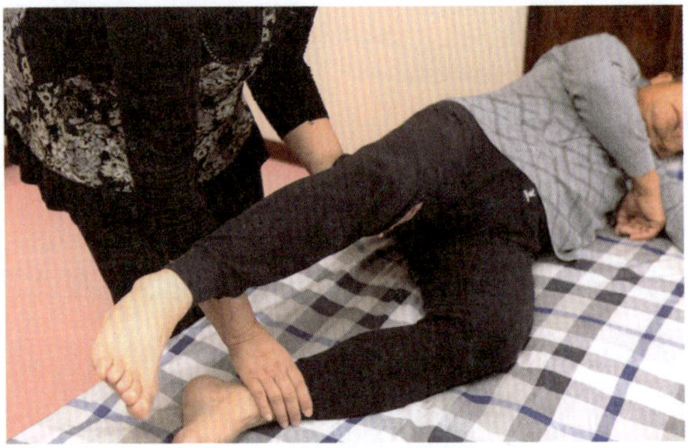

（2）主动运动

主动运动适用于肌力达3级以上的老年人。对于运动的速度、次数、间歇等要根据老年人的实际情况给予适当的指导。

主动运动训练中应取正确的体位和姿势，将肢体置于抗重力位，防止代偿运动。

照护小课堂

——肌力等级评定方法

0级 全瘫 → 用力收缩肌肉以期完成动作，但看不到肌肉收缩

1级 微弱	用力收缩肌肉以期完成动作，可看到和触到肌肉变紧、肌腱活动，但看不到关节活动
2级 差	排除肢体重力时，肌肉收缩可使关节主动活动
3级 良	能抗肢体重力，关节能主动活动到正常范围，但不能对抗阻力进行活动
4级 优	可对抗一定阻力，但较正常人低，关节活动到正常范围
5级 正常	能对抗较大阻力，完成动作与健侧相同

三、肌肉耐力训练

肌肉耐力是指肌肉持续进行肌肉活动的能力，与肌肉运动强度成反比。可采用等张训练法、短暂等长训练和短暂重复等长训练法，改善肌肉耐力情况。

1. 耐力训练的原则

（1）科学性原则

增加肌肉力量需要依靠大强度的运动，比如举重物时重复 4 ~ 6 次；增加肌肉的耐力需要采用低强度多重复的练习，如轻负荷重物重复 15 次或者更多。

（2）专门性原则

专门性原则主要是指根据不同的运动需要或个体需要，针对性地进行练习，如上肢力量弱就增加上肢的训练。

（3）渐增阻力原则

渐增阻力原则是指肌肉力量、耐力因超负荷训练而增加。通俗地说，在力量训练时逐渐增加负荷和强度，如果不增加负荷和强度，力量和耐力就不能够再增长。

（4）系统性原则

肌肉耐力的增加不是一朝一夕就能实现的，需要系统安排练习内容。一般说来，一周进行 3 ~ 4 次力量训练就可以使肌肉耐力明显增加。

2．心肺耐力的训练计划

制订心肺耐力训练的计划时，必须按以下三个阶段安排：热身阶段、有氧训练阶段、整理运动阶段。

（1）热身阶段

热身运动可提高身体柔韧性以避免肌肉骨骼系统的损伤，同时也可以降低心肌缺血的发生概率。热身运动应包括慢走、静态牵伸等全身运动，并需要维持 10 分钟。

（2）有氧训练阶段

有氧训练包括骑自行车、游泳、爬楼梯、步行等。为了训练心肺耐力，有氧训练应持续 20 ~ 30 分钟。

（3）整理运动阶段

整理运动可避免心肌缺血和心血管并发症的发生。在有氧训练后，必须进行整理运动。整理运动应持续 5 ~ 10 分钟，并进行类似热身运动的全身运动。

3．耐力训练后的影响

耐力训练后老年人应感到轻微的心率加快和轻微的呼吸加速。在进行如游泳、骑自行车和跳绳等运动后，老年人不应感到精疲力竭。在休息 30 分钟后，老年人应感到完全恢复而不是感到疲倦。

第二节　运动再学习

一、上肢功能训练

老年人取仰卧位，肩关节前屈 90°，训练向上伸上臂。照护人员在开始时可能需要帮助老年人举起其上肢并帮助其肩胛骨移动。待老年人有一定进步后，可随着照护人员的指示训练小范围的肩关节活动——屈、伸、内收、外展，还可训练用手触摸额头，以及越过头触摸枕头。

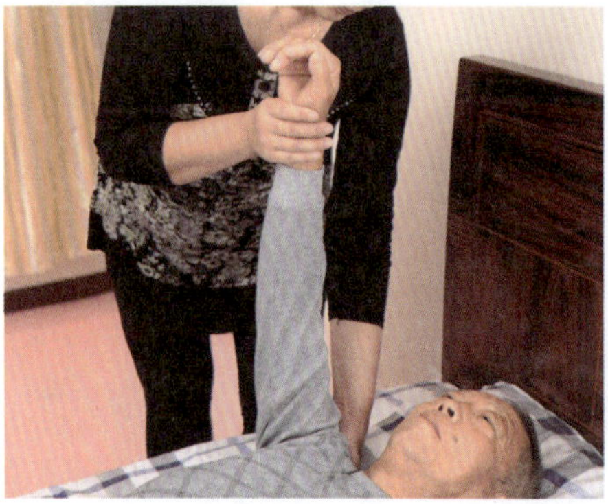

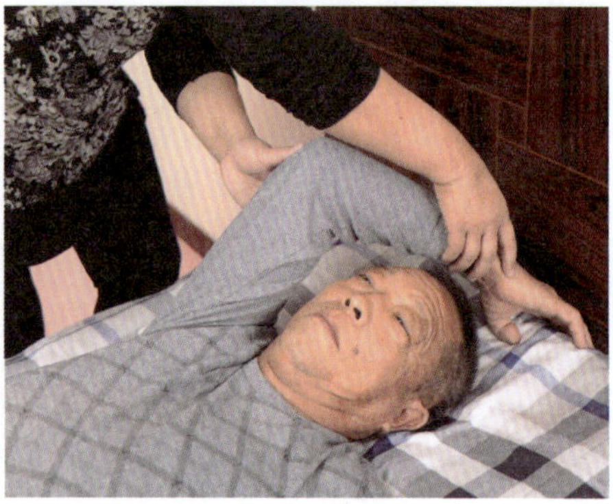

老年人取坐位，手臂向前伸，放于桌面上，训练上举上肢。先在小范围内活动，逐渐增加活动范围。照护人员在必要时帮助老年人保持肘关节伸展。

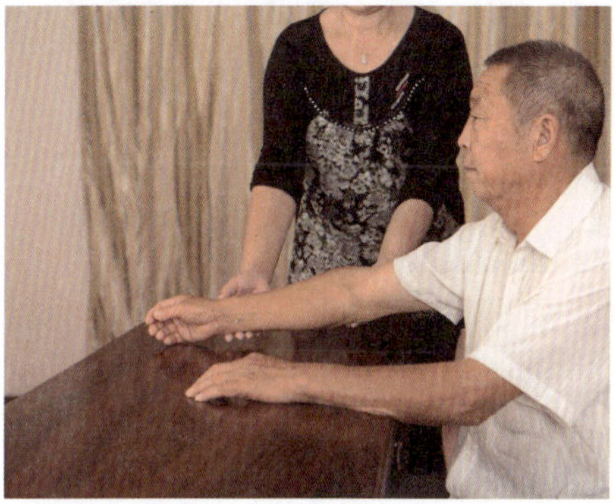

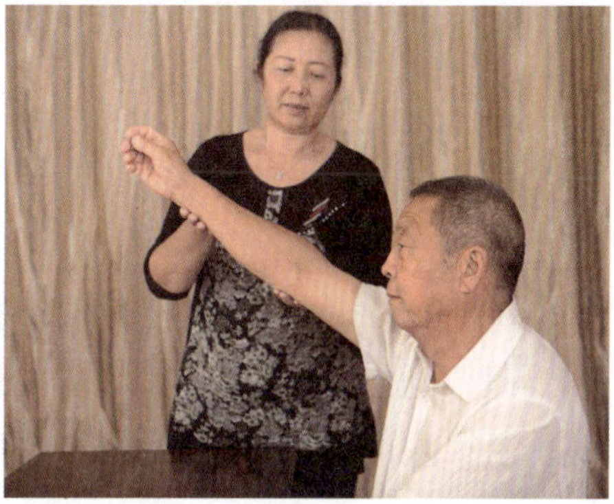

老年人坐在床上，肩关节外展、后伸，手平放在床上，肘关节伸展，将重心移向患侧手。照护人员帮助老年人保持肘关节伸直。

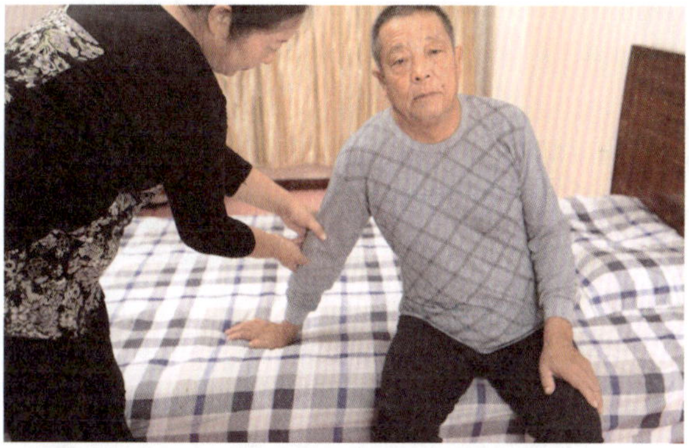

训练伸腕动作时老年人取坐位，前臂放于桌上，中立位，训练抬起物体、伸腕、放下、屈腕、再放下。或者通过伸腕来接触手背侧的物体。

训练旋前动作时老年人取坐位，前臂放于桌上，中立位；手握小鼓槌，通过前臂旋前来敲击桌面。当老年人手不能抓握时，也可以令老年人前臂旋前使掌指关节接触桌面。

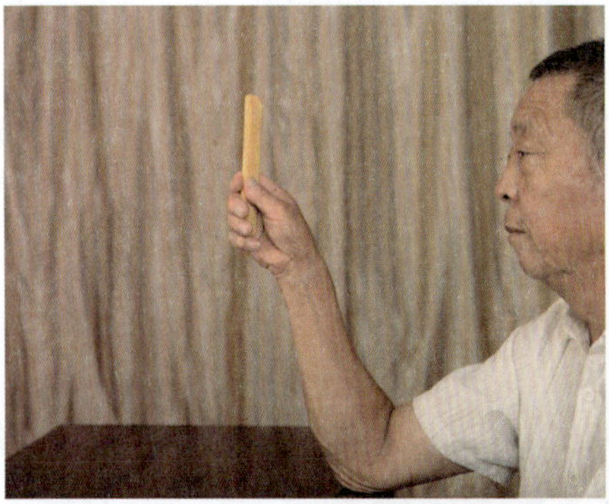
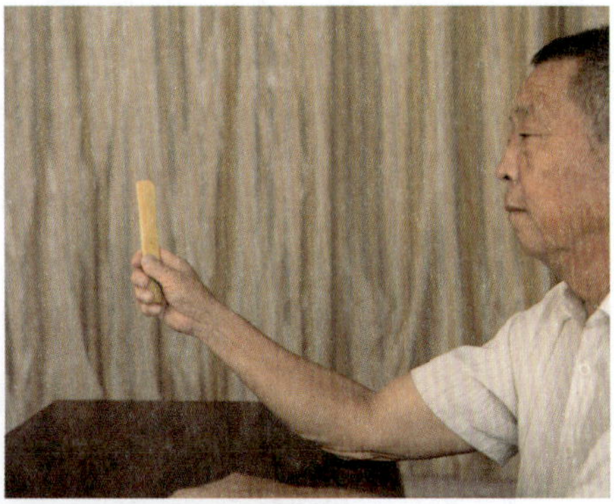

训练拇指对掌动作时，照护人员指导老年人拇指外展，张开手去抓握杯子，注意令其用拇指的指腹抓握而不是拇指内侧缘抓握。拇指向侧方移动去触碰物体，不要用屈腕来代偿拇指外展不充分。

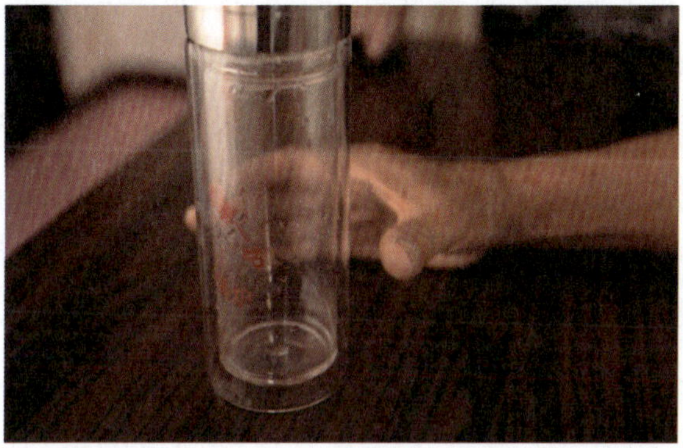

二、起立和坐下

老年人取坐位、屈髋，以使躯干前倾、头向前伸；照护人员注意帮助老年人保持双脚的位置，双脚应平行，置于膝关节后 15 厘米。试验证明，足在膝关节后 15 厘米的位置，膝关节屈曲 75°，这样的位置对于由坐位站起最为有利。

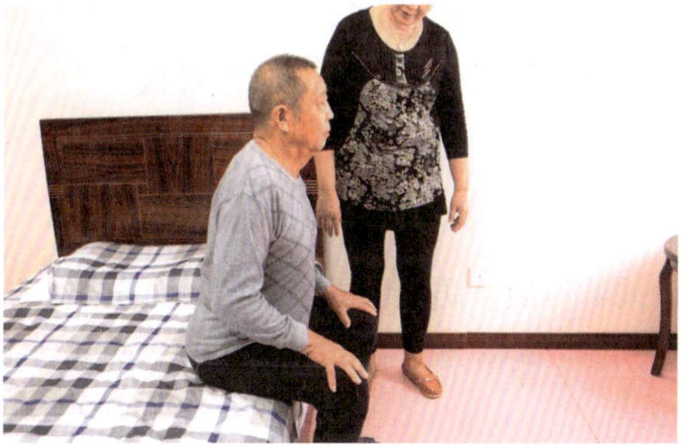

对于过度虚弱或体重较大的老年人，起立的动作可能会很困难，可以先让老年人训练坐下，从而获得对起立活动的控制。老年人由站立位坐下时，膝关节前移，躯干前倾，控制重心缓慢下移而坐下。照护人员注意引导老年人膝及肩关节的移动，并帮助老年人保持双脚的位置以保证患肢负重。

训练从坐位站起的方法是老年人双侧下肢负重，双肩和双膝向前，伸膝伸髋而站起。照护人员从膝部沿着胫骨给老年人一个向下的推力，以免脚向前滑动。可以先从较高的椅子上站起，因为动力学的研究显示从高的支撑面上起立比较容易、省力。待老年人肌力增强，对运动的控制能力增加，再逐步降低椅子的高度。

增加难度的方法是老年人在从立位到坐位的过程中停在不同的位置，改变方向和速度。

三、站立平衡

1. 双侧负重训练

两腿分开，与肩同宽，重心在两腿之间。保证患侧下肢的负重。必要时用白布和铝条制成的夹板帮助老年人控制膝关节。

2. 训练髋关节伸展以保证正确的躯干对线

老年人仰卧，患侧腿放在床边，足向下踩以使髋关节小范围伸展。照护人员注意保护髋关节不会过分外展或内收。

3. 训练膝关节伸展，防止因无力导致膝关节屈曲而跌倒

用白布夹板固定膝关节，帮助患侧下肢负重，控制膝关节，防止跌倒。

4. 训练股四头肌力量

坐位，膝关节伸展，移动髌骨，或保持膝关节伸展而不让足下落。

5. 训练重心移动时的姿势调整

站立位抬头向上看，转身向后看，向各个方向伸手够取物体。

6. 诱发踝关节背曲

老年人靠墙而立，脚向前移动约 20 厘米，双手前伸，训练向前移动髋关节以激发足背屈。照护人员帮助老年人移动髋关节。

增加难度的方法是站立位，向各个方向跨步接球，或从地上拣起不同大小、重量的物体。

四、行走

行走的训练是指立位、患侧负重、健侧下肢向前迈步、向后迈步，注意患侧髋关节伸展。照护人员应注意不要让患侧下肢向侧方移动过度。

1. 训练膝关节控制

坐位，膝关节伸直，在小范围内（膝关节屈曲 0° ～ 15° ）训练股四头肌离心收缩和向心收缩，并能够保持在一定位置上。照护人员帮助老年人下肢负重，纠正老年人足跖屈。

2. 重心转移及膝关节控制

立位，健侧腿在前，患侧腿在后，将重心在健侧腿与患侧腿之间移动。重心移向健侧腿时，患侧腿膝关节伸展；重心移向患侧腿时，患侧膝关节轻微屈曲。

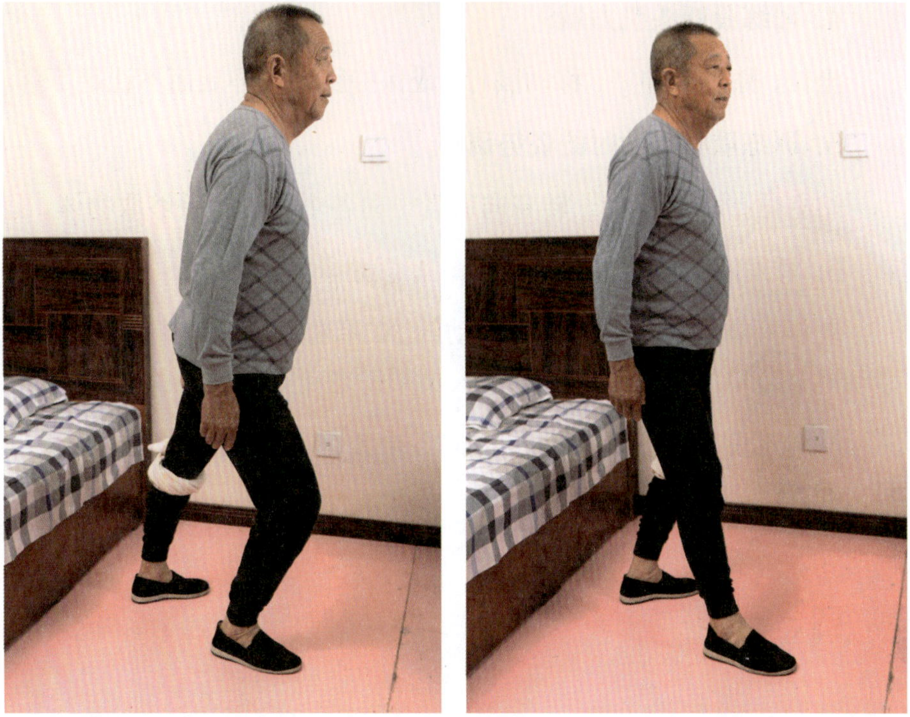

患侧足放在台阶上，患侧腿肌肉收缩，拉重心前移并迈上台阶，再迈下来。注意患侧负重及防止膝关节过度屈曲或伸展。

3. 训练骨盆水平移位

站立位，训练将重心在两腿间移动，训练向侧方迈步。照护人员保护老年人使其有安全感，保持老年人腿及膝关节伸展。

4. 训练主动屈膝

老年人取俯卧位，训练在小范围内屈膝，控制膝关节停在不同的位置，以获得对屈膝肌肉的控制。动作应缓慢进行。照护人员手压老年人臀部以保证髋关节伸展。当老年人肌力比较差时，照护人员可帮助老年人负重，然后在站立位训练屈膝。照护人员要注意保护老年人以免跌倒。

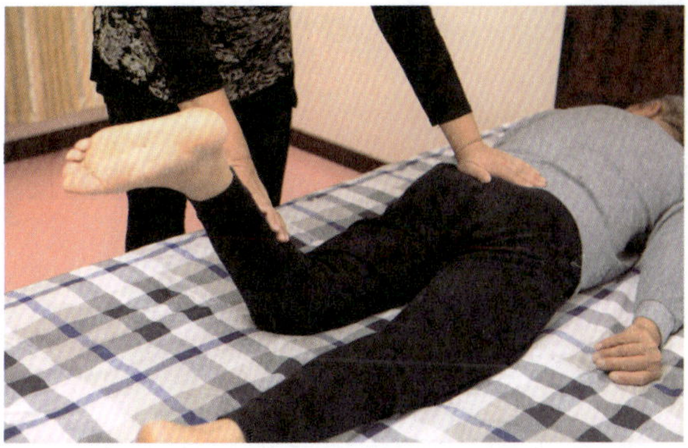

5. 训练行走

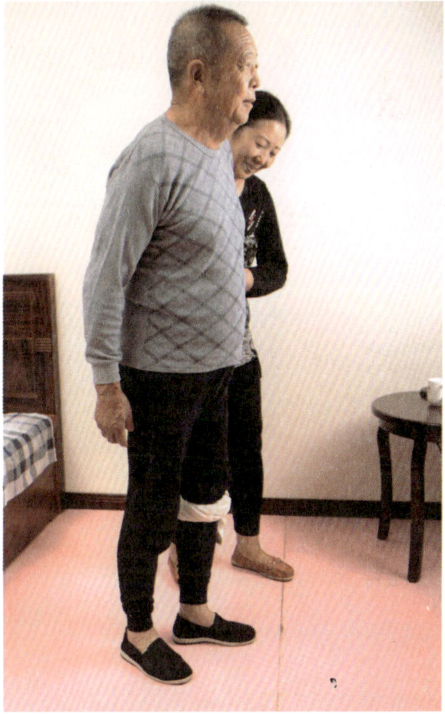

老年人先用患侧腿迈步，再迈健侧腿。照护人员应适当扶持老年人以免跌倒。照护人员发出口令如“左一右一左”来保证老年人获得节奏感。

参考文献

[1] 桑德春，刘璇，刘建华. 居家养老之康复技术 [M]. 北京：北京科学技术出版社，2016.

[2] 胡月娟，等. 照顾服务员训练指引 [M]. 台湾：华杏出版股份有限公司，2012.

[3] 卢美娟，徐连敏. 老年人家庭护理技巧及康复训练 [M]. 北京：中国医药科技出版社，2014.

[4] 董文哲，吴国忠. 老年人合理用药 [M]. 上海：复旦大学出版社，2015.

[5] [美] 伊莎多尔·罗生福. 注意！身体的警讯 [M]. 武汉：湖北科学技术出版社，2017.

说　明

本套丛书使用的部分资料和图片，由于时间原因未能及时联系到作者，在此深表歉意！请作者见书后及时与编者联系，编者将按有关规定支付相应稿酬。

联系邮箱：13901247816@163.com